四苦八苦の哲学

生老病死を考える

永江朗

晶文社

ブックデザイン　鈴木成一デザイン室

はじめに　四苦八苦について

ときどき、なにもかもがいやになる。「四苦八苦」ということばが浮かぶ。

「四苦八苦」は、たいへん苦労する、苦心するという意味で使われることが多い。「借金の返済に四苦八苦する」とか「英語の試験勉強に四苦八苦する」なんていうふうに。

本来は仏教のことばである。人生のあらゆる苦しみをいう。四苦は生・老・病・死の四つの苦しみ。苦の基本。ベーシックな苦。これに愛別離苦《あいべつりく》・怨憎会苦《おんぞうえく》・求不得苦《ぐふとくく》・五陰盛苦《ごおんじょうく》の四つを加えたのが八苦である。

人生は思いのままにいかないことばかり。世の中は苦に満ちている。そうブッダは考えた。まったくそのとおりだ、と思うことがよくある。

生・老・病・死。この四つのうち、老と病と死の三つが苦だというのはわかりやすい。昨日できたことが明日はできなくなるのが老い。老けて見られて喜ぶ人は少ない。年のわりに大人びた人を「老成してる」という褒めことばもあるけれども、それは実年齢がまだ若いからであって、中年以降で他人から「老けたね」「年をとったね」といわれるとムッとする。まあ、「老熟」「老練」ということばもあるし、「老舗」「老酒《ラオチュー》」もあるから、年を重ねるのは悪いことばかりではないかもしれない。「フケ専」「枯れ専」というのもありますからね。「老いのよろこび」という人もいるし、「老化は発見に満ちている」とポジティブに語る人もいる。けれどもしかし、実際に自分が年をとってみると、あまり嬉しいことはない。

病気になってよかったという人もいない。逆説的な意味で使うときは別として。難病にかかった人が、病気になってよかったといった話を読んだことがある。病気になったことを含めて自分の人生を肯定しようという気持ちはわかる。だがその一方で、自殺する難病患者が少なくないという現実もある。人生でいちばん避けたいのが病気だ。無病息災を誰もが望む。

老いと病いは、個人差が大きい。八〇歳で元気な人もいれば、七〇歳で老け込む人もいる。時間は誰にも平等にすぎていくはずなのに、老化は平等ではない。病いもそう。子供のころからほとんど風邪もひかず、医者にかかったこともないという人がいる一方で、病弱な人もいる。病弱といっても、その深刻度はさまざまだ。この個人差が大きいこともまた、苦しみの原因となる。つい人と比べて「どうしてわたしばかり（こんなに老けてしまったのか／こんなひどい病気になってしまったのか）」と落ち込む。

そして死。最大の苦しみが死。苦しみの果てが死。死にたくない。世の中のあらゆることは死を遠ざけることを目的として進化してきたのではないかと思えるほどだ。他人の死をもたらす武器・兵器にしても、根底にあるのは「（他人を殺してでも）自分は死にたくない」という思いだろう。また、死を忌むべきもの、ケガレとしてとらえる考え方は根強い。年賀状を出さないとか、新年に「あけましておめでとう」といわないとか。喪が明けるまで結婚式には出ない、という人もいると聞いた。葬式から帰ると浄めの塩を撒く人も多い。浄土真宗では死をケガレととらえず、よって塩も撒かないが、あまり知られていないかもしれない。

老・病・死に比べて、わかりにくいのが生である。なぜ死の対極にあるとも思える生が、死と同じく苦しみのひとつなのだろうか。生は喜びではないのか。老と病と死、それらをすべてひっくるめてある生は、苦にみちたものだ、ということなのか。あるいは、老いも病も死も、根源は生にあるという意味なのか。「生」を「生きる」ではなく「生じる」と考えれば、なんとなくわかる。

あるいは「苦」を「不安」と読みかえるとどうだろう。ベンヤミンの「ゲーテの『親和力』」のなかに、「不安ほどヴァリエーションに富んだ感情はない。死の不安に生の不安が、基音に無数の倍音が群れ集うように加わってくる」という一節がある（『ベンヤミン・コレクション1』ちくま学芸文庫、91頁）。四つの苦しみではなく四つの不安と考えれば、生老病死すべて納得できる。

プラス四つの苦、愛別離苦・怨憎会苦・求不得苦・五陰盛苦のほうは、四苦に比べると具体的でわかりやすい。

愛別離苦は愛するものと別れる苦しみ。妻や夫との別れ、子供や親との別れ、友人との別れ。一時的な別れもあれば、永遠の別れもある。人間以外の、飼っていた動物や、あるいは愛用していた物との別れも含まれるかもしれない。「〇〇ロス」ということばが流行している。ペットを失う「ペットロス」がきっかけだったと思うが、毎週見ていたテレビドラマが終わって「△△ロス」になったり、そのドラマの登場人物が物語のうえで死んだために「□□ロス」になったりと、これはもう愛別離苦の大安売りである。物をなくしたときの落ち込んだ気持ち、文字どおりの喪失感もばかにはできないとは思うが。

怨憎会苦。恨み、憎むものに会う苦しみ。憎悪の感情も苦しみのひとつだ。嫌いな人、相性の悪い人に会うのは嫌なものだ。また、誰かを恨んだり憎んだりするときも、気分は決してよくない。いや、順序は逆で、気分がよくないという感情がまず先に立ち、次にその原因として誰かを憎悪するのだろうか。「憎悪表現」と訳されるヘイトスピーチは、もしかすると苦しんでいる人の絶叫なのかもしれない。彼らの主張は荒唐無稽でとうてい認めることができない。だが、もしかすると彼らには何かに怯える気持ちがあり、苦しみ、憎悪を無関係な誰かにぶつけることで、なんとか心の平安を保っているのかもしれない。だが同情はできない。憎悪のことばを投げつけられるほうは、その何十倍も苦しめられ、怯えるのだから。

求不得苦。求めているものが得られない苦しみ。現代人はこれが異常に大きいのではないか。それをかきたてるのが広告だ。わたしたちのまわりは広告であふれている。新聞もテレビも雑誌もインターネットも、モノやサービスの広告でいっぱいだ。そのほとんどが「買いなさい」と訴えている。資本主義社会は他人の欲望をかきたて、モノやサービスを売ることで回っている。利潤を大きくするために、人為的に需要を作り出す。でもほしいものがなんでも手に入るわけではない。そして、ほしかったものが手に入ると、意外とつまらないものでがっかりし、関心は次のほしいものに向けられる。そのくり返しのあげくに、「ほしいものがほしいわ」という広告まであらわれた。わたしたちの社会は求不得苦でなりたっている。

五陰盛苦。これはちょっと難しい。五陰は五蘊《ごうん》ともいい、存在を構成する五つの要素である。色・受・想・行・識。色は物質的なもの。色即是空の色である。受はその感覚的なもの。想は表象的なもの。行は心的作用。識は対象を識別するもの。ようするに、世界が存在し、それを認識し、考えたり思ったりすることのすべてが苦しみなのである。なにも知らなければ、なにもわからなければ、なにもなければ、苦しむこともない。知らなきゃよかったと思うことはたくさんある。

四苦八苦。この世は苦しみに満ちている。

生き物は輪廻する、と古代インドの人は考えた。現代人のわたしたちも、ときどき「こんど生まれ変わったら」などという。「前世は猫だったらしい」とか。古代インドの人ほど本気ではないにしても、でも心のどこかに、生まれ変わりや輪廻があるかもしれないという気持ちがある。死後の世界を信じていないようで、でも「もしかすると」と思っている。お墓参りに行く。そこに死んだ人の霊があると信じているわけではないけれども、手を合わせ、死んだ人のことを考える。ときには口に出して話しかけたりする。お盆に霊が帰ってくる。五山の送り火を見ながら、またあの世に霊が戻っていくと、なんとなく考える。

わたしは生まれ変わりや霊魂などまったく信じていないのだが、いちど前世を見てもらったことがある。取材で占い師のようなセラピストのような人に会ったのだが、彼女によると、わたしの過去生は中国の僧侶や古代アンデスの祈禱師だったそうだ。信じていないのに、そう具体的に断定されると妙な気持ちになる。

しかし、生まれ変わっても、また四苦八苦するような世界なら、それは勘弁願いたい。なんとか輪廻から抜け出すことはできないか。そう考えた人のひとりがブッダだった。いや、ブッダ以前の古代インドの考え方だ。

ブッダの教えはそれとして、さしあたってわたしの興味は四苦八苦について哲学はどう考えてきたかである。とりわけ西洋哲学はどう考えてきたのか。だって、世界が苦に満ちていると考えたのは古代インドの人だけではないだろう。現代のわたしは「あーあ、いやなことばかりだ」とよく思う。朝、新聞を開くと、いやなニュースばかりがならんでいる。世界中で殺し合いがあり、騙される人がいて、事故があり、病気がある。世界は不幸に満ちている。情報通信技術は飛躍的に進歩して、特別な立場ではないふつうの市民でもさまざまな情報を得られるようになった。一〇〇年前、いや五〇年前と比べても大違いだ。じゃあ、それで人類は賢くなったか。世の中は平和になったか。争いはなくなり、苦しみはなくなったか。逆だ。もちろん局所的には前よりもよくなったところが多いだろう。でも世界全体を見まわすとどうか。科学技術を含めて文明の進歩によってかえって不幸が広がっているのではないか。あーあ、いやんなっちゃった。こうした気持ちとどう折り合いをつけていったらいいのか。さまざまな哲学者のことばを補助線にしながら、四苦八苦について考えてみたい。まず手始めは生老病死の四苦から。

ただし、それぞれの哲学者や思想家がどう考え、どう述べたのかは、それほど重要ではない。原典に当たって、ここはこういう意味だ、こう解釈すべきだ、といったことにはあまり関心がない。あえていうなら、誤解でも曲解でも牽強付会でもかまわない。あくまで参考意見。哲学者のことばを思考の補助線のようにして、わたしがじぶんで考えるきっかけにしたい。

四苦八苦の哲学　目次

はじめに　四苦八苦について　3

第1章　死について

0　死から考える　16
1　プラトン『パイドン』を読みながら　28
2　ジャンケレヴィッチ『死』を読みながら　45
3　自殺について考える　72

第2章　病いについて

0　「調子悪くてあたりまえ」　86
1　ソンタグと考える　90
2　フーコーと考える　108
3　臨床哲学について考える　126

第3章　老いについて

1　キケローとともに　154
2　ボーヴォワールを読む　167

第4章　生について

1　ハイデガー『存在と時間』を読みながら　210
2　九鬼周造の「時間論」を読む　235
3　レヴィナスの時間論　252
4　バタイユを読みながら　265

おわりに　まだ考えなければいけない　281

第1章

死について

0　死から考える

「生老病死」と、まるで四文字熟語のようにいうけれど、いきなり「生は苦しみである」と考えるのは難しい。生まれることがなぜ苦しみなのか。生きることがなぜ苦しいのか。

「生みの苦しみ」ということばがある。しかしそれは「生む」苦しみであって、「生まれる」苦しみではない。出産でいうなら、母親は痛くて苦しいが、産まれてくる赤ん坊のほうはどうか。泣いているから、やっぱり痛くて苦しいのか。残念ながら覚えていない。

「生まれてきてよかった」ともいう。生きているから苦しいということもわかるのだけれど、でも生きていて感じるのは苦しみだけではないはず。生について考えるのは後回しにしよう。生と老と病と死の順番を逆にして、まずは死について考えることからはじめよう。

大型書店や図書館に行くと、死について書かれた本がたくさん並んでいる。哲学だけでなく、宗教でも小説でもエッセイでも。

古来、死についてさまざまな人がさまざまなことを考えてきた。それは死がもっとも身近なものであり、同時に、もっとも遠いものだからだろう。

わたしたちの死への態度は、あちこち矛盾だらけだ。たとえば最近、ガンはいちばんいい死に方だ、という意見をよく聞く。ガンは進行が遅い病気だ。ガンが発見され、治るのは無理だとわかっても、死ぬまでのおおよその時間（余命）を知ることができて、その間にさまざまな準備をすることができる。準備というのは、心の準備もあれば、身辺の整理もある。また、ガンは壮絶な苦しみを味わう、という見方もずいぶん変わってきた。ひどい痛みをともなうガンもあるけれども、あまり痛くないガンもあるし、痛みをコントロールする技術も発達しているというのだ。

実際わたしも、数年前に母をガンで亡くしてみて、これがいちばんいい死に方だというのもなるほどと思った。母は七九歳のとき体調不良を訴えて検査を受け、末期ガンだとわかった。宣告された余命は一年。年齢や進行状態などから、副作用や身体的負担の大きい積極的な治療はせずに緩和ケアを中心にすることにした。寝たきりになったのは死ぬ直前の二週間ほどだけで、それまで母は家族や友人との旅行を楽しみ、別れを告げ、死への準備をしていた。もちろんときどき不安を口にすることはあったし、最期を自宅で看ていたわたしの妹はたいへんな苦労をしたが、ほかの病気などによる逝き方と比較すると、まあ幸福な死に方だったと思う。わたしの身の回りでも、「死ぬならガンがいいね」という人が多くなった。もちろんガンが発見される年齢にもよるだろう。八〇代で宣告されるのと、六〇代、五〇代で宣告されるのではずいぶん違うだろう。

じゃあ、わたしたちはガンになることを望んでいるのかというと、そんなことはない。あいかわらず「こうすればガンにならない」と主張する本や雑誌記事は多いし、食品に発ガン性が確認されるたびに大きく取り上げられる。その典型がたばこで、肺ガンの原因になる可能性が高いからと、禁煙が推奨されている。ガンがいちばんいい死に方だというのなら、発ガン性食品はもっと歓迎され、「肺ガンになりたい」といってたばこを吸う人が増えてもいいのに。「ガンで死ねる可能性を高める受動喫煙を広めましょう」という人はいない。いったい、わたしたちはガンになりたいのかなりたくないのか。

平均寿命までまだ時間のある若い人が発ガン性のある食品を避けるのはわかる。しかし世の中を見ていると、高齢者ほど発ガン性食品を避け、健康食品を購入し、エクササイズなどにも余念がないように思える。平日のスポーツジムは老人たちでいっぱいだ。わたしたちは死が近づけば近づくほど死を避けようとする。「後期高齢者になったら発ガン性のある食べ物もモリモリ食べましょう」とは誰もいわない。ある日、日本料理店で妻とお昼ごはんを食べていたとき、となりの部屋からお年寄りたちの会話が聞こえてきた。みなさん耳が遠いらしく、かなり大きな声なのである。話題の中心はどんな食べ物が健康にいいか、どんなサプリメントが効果的かだった。わたしたちは年をとればとるほど、死にたくない、ガンになりたくないと思うのかもしれない。

だがはなはだ残念なことに、どうあがいたところで死は避けられない。ガンにならなくても、いつかは必ず死ぬ。「ピンピンコロリがいいね」などといいつつ、「ピンピン」の努力はするけれども、「コロリ」のほうはあまり考えていない。冬は風呂場で死ぬ老人が多い。急激な寒暖差で脳や心臓の血管が破れるらしい。じゃあ「コロリ」といくように、風呂場をできるだけ寒くしようという人はいない。脱衣場にヒーターを持ち込む人も多い。

ソクラテスは、よく生きるとはどういうことか、と考えた。ただ生きればいいというものではない。ソフィストたちから嫉妬され嫌われ疎まれ、若者たちをたぶらかしていると訴えられた。ソクラテスほどの弁論の才があれば、裁判で相手を言い負かして無罪を勝ち取ることも難しくはなかっただろう。だけど裁判ではあえて挑発的とも思えるような主張をして裁判員たちの反発を受け、ソクラテスは死刑になった。弟子たちが脱獄の手引きをしようとしても、それを断り、死刑を受け容れ、毒人参を飲んだ。それが彼にとってよく生きるということだったからだ。

人間はいつか必ず死ぬ。そうわかっていながら、わたしたちは死を受け容れることができない。

ガンの宣告を受けたとき、多くの人は落胆し、怒る。なぜ自分がそんな理不尽な目にあうのかと嘆く。しかしよく考えると、理不尽でもなんでもない。人はいつか必ず死ぬのだから。あなたは死ぬ。わたしも死ぬ。これは絶対確実な予言だ。だけど、「あなたはガンです。余命は六か月です」といわれると納得できない。どうして自分が、と思う。不運だと思う。「あいつは元気なのに、どうしてオレが」と、不平等な感じもする。だがよく考えると、不運でも不平等でもない。じぶんは死なないと思うほうがよほどおかしい。

どんなに医学が進歩しても、わたしたちにとって死は納得できないものである。いや、むしろ理不尽な思いは強くなったかもしれない。

たとえば新しい治療技術ができる。それによって救われる命がある。治らなかった病気が治るようになる。だがその治療技術によって、永遠の命が与えられるわけではない。その治療技術で病気が治ったとしても、別の病気や事故でいつかは死ぬ。たんに死を先延ばしにしただけだ。もちろん新しい治療技術は無意味ではない。病気が治らなければ二〇歳で死んでしまったかもしれない人が八五歳まで生きたとすれば、新しい治療技術が六五年の人生を与えたともいえる。しかし、その六五年間がよかったかどうかは、また別の問題だ。人によっては「二〇歳のときに死んでしまえばよかったのに」と思うことだってあるかもしれない。

新しい治療技術が登場しても、その恩恵にあずかれない人がいる。その技術を持っている専門家の人数が限られていたり、莫大な費用がかかったり。新しい技術が登場した瞬間に、人類すべてが救われるわけではない。だとすると、同じ病気でも、新しい医療技術を使ってもらえない人やその家族は、ますます苦しむことになるのではないか。治る可能性があるのに、さまざまな事情でじぶんはその技術を使ってもらえない、と。

ときどき、外国に渡って臓器移植手術を受けることを望む子供のことが新聞の記事で取り上げられる。莫大な費用のため寄付を募ることも添えて。治療のためには移植手術しかない、しかも海外で受けるしかないという状況で、両親や家族、友人たちはどんな気持ちだろうかと思うと、気の毒でたまらない。だがそれと同時に、さまざまなことを考える残酷なわたしもいる。たとえば臓器移植という技術がなければ、この人たちはこんなつらい気持ちにならなかっただろう。わが子を亡くすことはつらいが、延命の手段がある（かもしれない）という状況で亡くすのと、そのような可能性がない状況で亡くすのとでは、苦しみの度合いが違うのではないか。新しい技術ができたばかりに、かえって苦しむ人が増えているのではないか。なまじ希望が与えられただけに、かなわなかったときの落胆も大きい。

治療技術と隣り合わせに、延命技術というものもある。その代表が胃瘻《いろう》だ。胃瘻で死を先延ばしにすることが幸福なのかどうか。わたしの父は母が死んだ半年後に逝った。全身の運動機能が失われていく病気だった。胃瘻についてどうするか医師から判断を求められたとき、胃瘻は断ろうとわたしは決めた。すでに父からは意思を伝える能力が失われていた。わたしは「もしじぶんが父だったら」と考えて答えを出すしかなかった。いまでも間違ってなかったと思っている。

わたし自身は死ぬのがいやだと思ったことはない。それは、死をおそれないとか、勇敢であるというのとは違う。人いちばい臆病で、肉体的にも精神的にも苦痛に弱いことは自覚している。しかし死ぬのはいやではない。明日死んでも、なんならいま死んでもいいと思っている。もちろん思い残すことはたくさんある。読みたい本、聴きたい音楽、食べたいもの、行きたいところ。まだまだある。しかし死ぬのならしかたない。どうせいつかは死ぬのだし。

よく映画や小説で、どんなに困難な状況にあってもあきらめない人物が描かれる。そういう映画を観ながら「わたしだったら、ここであきらめて、静かに死ぬのを待つのに」と思う。もしもわたしがブルース・ウィリス演じる『ダイ・ハード』の主人公だったら「わざわざ大変な思いをして悪と戦うより、さっさとここで死んでしまおう」と考えるだろう。もっとも、それではエンターテインメントとして成立しない。エンターテインメントは、「人は死にたくないもの」「生に執着するもの」という前提があってこそなのだ。

ただし、恐怖を味わうのはいやだ。怖いのは肉体的苦痛が予想されるからだ。痛いのはいやだ。痛くないなら、それほど怖いとは思わない。

孤独死がいやだという気持ちも理解できなくはないが、わたし自身についてはどうでもいい。理想的には妻を看取ったあと、誰にも知られずにひっそりと消えていけるといい。できればこの世にわたしが存在したという記録もなにも残さずに。死ぬ瞬間、そばに誰かいてほしいとも思わない。死に場所が病院のベッドであろうと、路上であろうと、あるいは水の中や山の中であろうと。痛かったり苦しかったりするのはいやだが、避けようがないのならしょうがない。

永久に続くわけでもないのだから、我慢するというか、痛がったり苦しんだりしながら死んでいくしかない。死に方は選べないのだ。

じぶん自身については、いつ、どういうふうに死んでもいい、と思っている。死体はミンチにして動物の餌にしてもらうのがいちばんの望みだが、現在の法律では難しいらしい。火葬されて山か海に撒いてもらうか、無縁仏としてどこかに葬られるか。じぶんではどうすることもできないので、他人にまかせるしかない。

だが、親しい人の死については冷静でいられない。

両親が半年違いで死んだとき、さびしいと感じたけれど、悲しいとは思わなかった。ふたりとも一年から一年半の闘病の果てだったので、少しずつ死んでいくという感じだった。その数年前に妻の父が逝ったときもそうだった。少しずつ縮んで死んでいった。彼らが死んで悲しいとは思わなかったが、しかし「どうでもいい」とは考えなかった。一分一秒でも長く生きてほしいと思ったし、できるだけ苦痛がないようにと思った。

三〇年あまり前に亡くなった叔母の死に際について思い出す。立ち会った父から聞いた話だ。叔母はガンだった。最期はひどい苦しみようだったという。姉であるわたしの母は、苦しむ叔母に「もうすぐ、楽になるから」と声をかけ続けた。中学生で一人っ子だった従弟は「死なないで、死なないで」と泣きながらすがりついていたという。葬儀のときの祖母の嘆き悲しみようは激しく、祖母が壊れてしまうのではないかと思うほどだった。じぶんの死と親しい人の死は違う。

二〇一六年一月、軽井沢のスキーバス転落事故でたくさんの大学生が死んだとき、わたしは悲しくつらかった。中年になると、若い人の死がこたえる。なんというか、内臓を強く殴られたようなショックを受けた。新聞で報じられるたくさんの死の中でも彼らの死が特につらく感じられるのはなぜだろう。

ひとつは、わたしが少し前まで大学で教員をしていたことと関係があるかもしれない。早稲田大学で五年間、週に四コマ、それと卒業研究の指導を担当した。わたしには子供がいないが、もしもいたらこれくらいの年齢だろうという学生たちだった。実際、高校の同級生の娘や元上司の娘が担当した学生のなかにいた。教員は学生のことをわが子のように感じている。学生のほうは教員を親のようには思っていないだろうが、非対称的で不思議な関係が学生と教員のあいだにある。そしてその感覚は担当学生だけでなく、世の中の学生一般に対してまで広がっていく。困っている学生がいると、なんとかしてやらなければ、と思う。

もうひとつは、バス事故の犠牲者に早稲田大学の学生が含まれていたこと、そしてわたしの母校である法政大学の学生が含まれていたことだ。

この事故では運転手も死んだ。彼もまた規制緩和の犠牲者といってよい。だから彼を責めようとは思わない。しかし、運転手に対しては、乗客として死んだ学生たちと同じように悲しいとは感じないのだ。残酷なことだけれども。

ジャンケレヴィッチは人の死を「一人称の死」「二人称の死」「三人称の死」と分けたが、それはもっと段階的で複雑なものかもしれない。バス事故に遭った顔も知らない若者たちは、わたしにとって「三人称」であるはずだが、しかし「学生」「早稲田大学」「法政大学」というキーワードとカテゴリーによって、より「二人称」に近い存在となっている。そして、彼らの死については、わたし自身の死のように「どうでもいい」とは到底いえない気持ちになる。

東京電力福島第一原子力発電所のちかくに「希望の牧場」がある。原発事故で放射線を浴びた牛が飼われている。行政は殺処分を求めたが、牧場主はそれを拒んで飼い続けている。三〇〇頭を超える牛がいて、飼料代だけでもたいへんな額になる。放射線を浴びた牛の商品価値はゼロだ。売られて肉になることはない。しかし、だからといって殺処分でいいのか、と牧場主は考えた。もともと牛は食肉にするために飼われていた。殺されて食べられる予定だった。どのみち殺されるのなら、殺処分も同じだといえるだろうか。どのみち殺されて食べられるはずだったにしても、生きているかぎりはたらふく餌を食べさせてやりたい、寿命が尽きるまで生きさせてやりたいと思うのはおかしなことだろうか。たしかに牧場主の考え方は経済的合理性からは外れているかもしれない。しかし命に対する考え方としては、牧場主のほうがまっとうだとわたしは感じる。それはなぜなのだろう。

原発事故が起きず、牛たちが放射線を浴びることもなかったとしたら、今ごろ牛は殺されて肉になって食べられていただろう。放射線を浴びた牛と、浴びなかった牛の違いはなんだろうか。

それはクジラを殺すことには敏感なのに、牛や豚を殺すことには鈍感なのか、という問いと通じるところがあるだろうか。もしもクジラが、最初から食用のために飼育されていたとしたら、それを殺して食べることに抵抗感はないのだろうか。

「死ぬのは怖くない」というのと、「死んでもいい」というのは違うし、「死にたい」というのとも違う。

小説や映画で命乞いの場面がある。「殺さないでください」「命だけは助けてください」と登場人物はいう。仮に死ぬのは怖くないとしても、他人から故意に理不尽なかたちで生命を奪われるのが好きだという人はいないだろう。まれに「わたしを殺して」と迫る場面もあるが、それは特殊な例だ。小説や映画でなくても、攻撃してくる者がいれば、わたしたちは反射的に防御しようとする。あるいは逃げようとする。

ラジオを聴いていると、ときどき「人身事故の影響で、○○線が運行を停止しています」というお知らせが流れる。人身事故の多くは飛び込み自殺であるとわたしたちは知っている。あまりにも頻繁に起きるので、わたしたちの感覚はいつのまにか麻痺している。「人身事故」という言葉の向こうに、一人ひとりの死があることにまで思いをいたそうとしない。

警察庁の統計によると、一年間の自殺者数はここ数年、減少傾向にある。二〇〇九年は三万二八四五人だったが、二〇一二年は二万七八五八人となり、二〇一五年は二万四〇二五人だった。減っているとはいえ、一年に二万人以上の人が自殺している。東日本大震災での犠牲者数(死者一万五八九四人、行方不明者二五六二人)をはるかに超える人が自殺しているという事実は重い。「死にたくない」という人がいる一方で、「死にたい」という人もたくさんいるのだ。

激情にかられて「お前なんか死んでしまえ!」ということは誰にでもあるのではないだろうか。それはたまたまはずみで口から出たもので本心からではないにしても、何割かの本心が含まれていなかったとはいいきれない。他者の死を望んだ瞬間がある。わたしたちには他者の死を望むことがある。相手の存在を消してしまいたいほどの怒りや憎しみとはなんだろうか。戦争では敵国の為政者や軍人、兵士だけでなく、その国の国民一般の死を望む状態になる。

あるいは、介護疲れで親や子や配偶者を殺してしまう人がいる。疲労して、精も根も尽き果ててのことかもしれない。多くの場合は、相手を殺したあとで自分も死のうとする。つまり無理心中の失敗としての殺人だ。

こう考えていくと、死というのは実に多様だ。多様だが、生命の終わりということでは同じである。病気による静かな死も、事故や災害による突然の死も、誰かに殺される死も、そして自分で選ぶ死も、すべてが死である。

死はありふれている。そのありふれた死について、人びとはどう考えてきたのだろう。

1　プラトン『パイドン』を読みながら

死んだらどうなるのか、誰にもわからない。臨死体験について書いている人はいるが、臨死は「死にそうになった」というだけで、ほんとうに死んでしまったわけではない。死んで生き返った人はいない。イエス・キリストは復活したそうだが、だから彼は人間ではなかった。臨死体験というものは脳内麻薬が見せる幻覚にすぎないと、以前、養老孟司さんから聞いたことがある。呼吸が止まり、脳が酸素不足になると、脳内麻薬が出るのだそうだ。そこで酸素吸入などをすると、脳内麻薬が出ず、人は苦しみもだえながら死ぬのだとか。酸素吸入は患者を助けているようで、じつは苦しめているだけだ。わたしが死ぬとき酸素吸入はやめてほしい。

多くの宗教は死後の世界について語ってきた。誰も見たことがないのに。天国と呼んだり、極楽と呼んだり。あの世、冥界、呼びかたはさまざまだ。わたしの父は浄土真宗の信者で、「お浄土」といっていたように思う。

父がお浄土についてどのように考えていたのか、ちゃんと聞いたことはない。父の父、つまりわたしにとっての祖父は僧侶で、その父（わたしの曾祖父）も僧侶だった。父は八人兄弟で、そのうち男は五人。五人のうち三人が僧侶となった。三番目の伯父は電器店主に、わたしの父は小学校の教員になった。父は僧籍を持たなかったが、生まれたときから寺で育ち、経を読んだ。小学校を定年退職してから、本山で研修を受け、戒名をいただいた。毎朝、仏壇の前で「正信偈」をあげていた。

父はお浄土をどのように考えていたのだろう。父はマルクス主義者でもあったから。僧侶だった祖父は死後の世界をどのように考えていたのだろう。開祖・親鸞は、浄土あるいは死後の世界について、どのようにとらえていたのだろう。親鸞のいう「往生」とはどのようなものなのか。いろいろと気になってくる。

父も、祖父も、そして親鸞も、「往生」とその後の世界について、必ずしも実体的なものとは考えていなかったのではないか。そうわたしは思っている。死ぬと人は無になる。死は幾何学の線や点のようなもので、幅も厚みもない抽象的な概念だ。死の向こうの世界はない。無である。無になる、あるいは無に帰することを、「浄土に行く」とか「往生する」といっていたのではないか。あるいは、うすうすそう感じながらも、極楽浄土が実体的に存在するかのように語ることもあったのではないか。

八月一六日、京都では五山の送り火がある。ここ数年、いろんなところから送り火を見てきた。マンションの屋上や鴨川の河原、京都御苑。大文字山の「大」の字に火がつけられ、火が少しずつ広がって「大」の字が暗い空に浮かんでくる。気がつくと、わたしは両手を合わせている。それはほとんど無意識のうちの動作だ。

二〇一一年の送り火では、東日本大震災で亡くなった人々のことを思いながら手を合わせた。両親が死んだ年は、両親のことを考えた。送り火は、お盆のあいだあの世からこの世に帰ってきていた先祖の霊を、ふたたびあの世に送り返すものである。霊魂も、あの世も信じていないわたしは、なぜ手を合わせるのだろう。送り火だけではない。気がつくと、さまざまなところで手を合わせている。

葬式のときも、法事のときも、妹や姪・甥たち、そしてわたしの妻と、「お父さんがあの世から」「お母さんがあの世で」と、あたかも「あの世」が存在し、そこに死後の父や母がいるかのように話す。しかし、わたし自身は「あの世」があると思っていないし、自分が死んだら「あの世」にいくとも思っていない。前世だの生まれ変わりだのも信じていない。それなのに、なぜ霊魂や「あの世」を信じているかのように会話するのだろうか。

死はたんなる消滅ではない、死は終わりではない、と信じたいからだろうか。

確かめようはないけれども死後の世界を仮定することで、死者について考えやすくなる、追悼しやすくなる、ということはあるかもしれない。それがまったくの無だと割り切ってしまうと、死者について思うことが少し空しくなるようにも感じる。

プラトンの『パイドン』は、裁判で死刑判決を受けたソクラテスが、牢獄で毒杯をあおいで死ぬまでのわずかな間に、弟子たちと交わした対話というかたちをとっている。議論の中心的テーマは魂と肉体との関係、そして死後の魂についてである。岩田靖夫の訳による岩波文庫版には「魂の不死について」という副題がつけられている。

『パイドン』を手がかりに、死と「霊」や「あの世」について考える前に、いまいちどソクラテスの死について考えてみたい。

ソクラテスはアテナイのソフィストたちから嫉妬と反感を買い、邪教の神を信じて若者たちをそそのかしているという冤罪で告発されたあげく、裁判で死刑になった。ソフィストたちの反感を買ったのは、彼がいちばんの知恵者であるという神のお告げがあったからであり、そのお告げを疑ったソクラテスがソフィストたちと論争してまわったからだった。論争によってソフィストたちは何も知らないということがわかった。ソクラテスも何も知らない。唯一ちがうところがあるとすれば、ソクラテスは「自分は何も知らない」ということを知っている（自覚している）ということ。「無知の知」である。ソクラテスには自分を客観視する力がある。自分を客観視できない者は、ほんとうの知恵者とはなりえない。

ソクラテスには死刑をまぬがれる方法がいくらでもあった。弁論の才能があるのだから裁判でうまく言い逃れることもできただろうし、金持ちの友人、クリトンの力を借りてお金で解決することもできたかもしれない。いちばん簡単だったのは国外に亡命することだったろう。ところがソクラテスは裁判で自分の主張を曲げなかった。法廷におけるソクラテスの弁論は、裁判員たちに理解されないどころか、いっそう強い反発を招いた。火に油を注いだのである。しかも、あえてそうしているように見える。

もっとも、ジャーナリストで歴史家のポール・ジョンソンが書いた『ソクラテス　われらが時代の人』によると、ことはそう単純ではなさそうだ。

古代のアテナイというと、民主主義の都市国家というイメージがあるが、ソクラテスの晩年のころには、自由でひらかれた気風が失われて、道徳的に退廃していたとジョンソンはいう。悪疫の流行により人口の四分の一を失って社会が活力をなくしたのに加え、スパルタとのあいだで長いペロポネソス戦争があった。ペロポネソス戦争は紀元前四三一年から四〇四年にまでおよび、途中、二度の長期停戦をはさんで、最終的に勝利したのはスパルタだった。悪疫と戦争による人口減少のなか、次々と登場する政治家はろくでもない者ばかりだった。「移り気で責任心に欠けた人々が指導者になった」とジョンソンは書く。

無知の知を自覚し、対話を好み、裁判の決定にしたがって死刑を受け容れたことから、現代人のわたしたちはソクラテスについて根っからの平和主義者であると――たとえば永久平和を唱えたカントのように――イメージしがちだが、ソクラテス自身は平和主義者ではないし、兵士として戦争にも参加した。もっとも、ペロポネソス戦争には反対だったらしいが。

ペロポネソス戦争の敗北の結果、アテナイは三〇人の僭主が独裁的に支配する体制になった。民主派の役人や著名人は次々と処刑されたり国外に逃亡したりした。ジョンソンはこの三〇人僭主体制のアテナイを第二次世界大戦中のフランス・ヴィシー政権になぞらえている。「アクロポリスに駐屯しているスパルタの軍隊が、ヴィシー政権におけるナチスのような役割をはたすことで、この体制の権力が維持された」のだという。

三〇人僭主体制の幹部にはソクラテスと親しい者もいたが、ソクラテス自身はこの体制に批判的だったし、体制が反対派の処刑をするようになるとソクラテスは公的な場で糾弾した。体制側はソクラテスを処刑するのではなく、体制に加担するよう工作したが、ソクラテスはそれを拒否した。やがて民主派は力を取り戻し、穏健派と組むことによって、僭主体制の幹部たちは追放された。

アテナイにはソクラテスをこころよく思わない人々もいた。僭主体制の幹部たちにソクラテスの友人がいたからである。また、アリストファネスの喜劇『雲』の影響もあったのではないか、とジョンソンは述べている。『雲』のなかのソクラテスは、ソフィストの親玉として徹底的にやり玉にあげられていた。ソクラテス本人を知らずに、『雲』に描かれたソフィストをソクラテスだと思いこみ、ソクラテスに死刑を求める人びとがアテナイにたくさんいたのだ。現代でいうなら、ネトウヨの書き込みを真実だと信じてリベラリストを批判するような大衆である。ソクラテスが訴追されたのは風紀紊乱というその判定が難しい容疑だった。ジョンソンが示唆するように、僭主体制時代の悪夢の記憶がアテナイ市民たちになければ、ソクラテスが有罪になることも、また、訴追されることそのものもなかったかもしれない。

もうひとつソクラテスの死について考えるとき、忘れてはならないのは、彼の七〇歳という年齢である。古代ギリシアの市民の平均寿命がどの程度だったのか知らないが、七〇歳というのはかなり高齢の部類に入るだろう。この年齢は、裁判を受け容れ、死刑を受け容れたソクラテスにとっても、大きかったのではないか。彼の年齢を考えると、友人たちのすすめにもかかわらず亡命を拒否したのは納得できる。たとえソクラテスがアテナイへの愛郷心と愛国心にあふれる人だったとしても、あるいは「悪法も法なり」という信念を持っていたとしても、もしも彼が二〇代や三〇代であったら、また違った行動もあったのではないだろうか。わが身をソクラテスに置き換えてみれば、もうこの歳になって、わざわざ異国の地に逃げ延びて、残りわずかな人生をすごすよりも、住みなれて愛着のあるこのアテナイで死んでしまおう、そう思っても不思議はない。

生き延びる可能性があったのに、死刑を選んだという意味では、ソクラテスの死は刑死というよりも限りなく自殺に近い。

もっとも、『パイドン』は全体の印象として奇妙な明るさに満ちている。師・ソクラテスの最期の様子と最後の対話について、その場にいなかったエケクラテスにパイドンが語るという体裁をとっている。師の臨終を語るのに、しかも「国家公認の神々を拝まず、青年を腐敗させる」という罪状で告発されて牢獄で刑死するという、けっして幸福とはいえないような死に方だったにもかかわらず、そして毒杯をあおいでから徐々に死んでいく一部始終を目撃していたにもかかわらず、パイドンの口調は明るい。

その理由をパイドンは次のように語る（というか、プラトンがそう語らせているのだけれども）。

じつは、その場に居あわせて私は驚くべき感情を味わったのです。というのは、親しい人の死に立ち会っているというのに、私は悲しみの気持ちに襲われなかったのです。なぜなら、エケクラテス、あの方はその態度においても言葉においても幸福そうに私には見えたからなのです。ほんとうに、なんと恐れなき高貴なご最期であったことでしょうか。

（『パイドン』岩田靖夫訳、岩波文庫、13頁）

もちろん平静ではいられない人もいた。ソクラテスの妻、クサンティッペは牢獄でソクラテスの子を抱いて、ソクラテスのそばに座っていたが、パイドンたちが最後の別れを告げに来たのを見て大声を上げて泣いた。するとソクラテスは、友人のクリトンに頼んで、クサンティッペを自宅に帰らせた。

ソクラテスは「人間にとって生きることよりは死ぬことの方がより善いということだけが、他のすべてのこととは違って、例外なしに無条件的であり、他のものごとの場合のように、ある時ある人には、という条件がけっして付かない」と語る。すなわち、「哲学者は喜んで死のうとする」と。

死ぬことはなぜ善いことなのか、なぜ哲学者は喜んで死のうとするのか。自らの死を前にして、ソクラテスは弟子たちと最後の対話をおこなう。

プラトンは、魂と肉体の二分説を前提として考察（対話）を進める。

死とは、魂の肉体からの分離に他ならないのではないか。すなわち、一方では、肉体が魂から分離されてそれ自身だけとなり、他方では、魂が肉体から分離されてそれ自身単独に存在していること、これが死んでいる、ということではないか。（30頁）

飲食や性、体の装飾など、肉体の快楽にかかわることは、知恵の獲得など魂の探求にとってさまたげとなる。だから魂が肉体から分離され、解放されることは、哲学者にとって望ましいことなのだ、というのがプラトンのロジックだ。魂は肉体から離れることで、肉体によって欺かれることなく、真理に触れることができるというのである。

魂の解放をつねに望んでいるのは、特に、いや、ただ、正しく哲学している人々だけなのである。そして、哲学者の仕事とは、魂を肉体から解放し分離することである。（38頁）

正しく哲学している人々は死ぬことの練習をしているのだ。（38頁）

死への態度が、哲学者とそれ以外の人びととを分けている。心を身体とは別のものだと考え、身体の欲望が心を汚しているという考え方は、現代人のわたしたちにもなじみ深いものである。ときとしてわたしたちは、身体の欲望に従うことに罪悪感をいだく。それが食欲であれ、性欲であれ、物欲であれ。欲望からの解放をひとつの到達点と見なす考え方は、仏教でも儒教でも似たようなものがある。

しかし、だから死は喜ばしいものだというのは屁理屈のようにも感じる。死は嘆き悲しむべきものではないというがために、死を持ち上げ、生を過剰におとしめているのではないのか。それがたとえ、自分を見舞ってくれている人びとに対するソクラテスの気遣いであったとしても。「生まれてこないほうがよかったのに」というのはジョージ秋山『アシュラ』のフレーズだが、だったらすべての哲学者は自殺すればいいではないか。何も思いわずらうことはない。ところがプラトンは周到にも、自殺は禁止されているのだという。なぜなら人間は神々の所有物であり、所有物が所有者の意向を無視して自分を殺すことなどできないのだから、というのがその理由である。プラトンにしたがうなら、人間は死についての自己決定権はないということになる。

だが、ほんとうに魂は不滅なのか。いちど死んで生き返った人など誰もいないのに、どうしてそのようなことがいえるのか。そこでプラトンは霊魂の不滅をいくつかの方法によって証明する。

ひとつは生成の循環的構造。生と死を二元的なものととらえられ、両者は相補的にある。生がなければ死はなく、死がなければ生もない。互いに循環的にある。

生者は死者から再び生まれるのだとすれば、われわれの魂はあの世に存在する他はないではないか。なぜなら、もしも存在しなかったならば、再び生まれることもできなかっただろうからだ。（47頁）

生と死を循環としてとらえるのは、インドの輪廻転生説を連想させる。だが、現代のわたしたちも、子供が生まれたとき「この子は亡くなったおじいちゃんの生まれかわり」などとよくいうではないか。死を終わりとしてとらえず、新たな生の源泉としてとらえる考え方は、古今東西、普遍的なものだといえる。

死んでしまうと魂は雲散霧消してしまうのではないか、と疑問を呈するケベスにソクラテスはいう。

「生き返るということも、生者が死者から生まれるということも、死者たちの魂が存在するということも、本当にあることなのだ」

プラトンによる霊魂不滅の証明の二つめは想起説である。人間がイデアを認識できるのは、すでに知っているから。すでに知っているイデアを想起しているのだ、というのが想起説である。想起するというからには、誕生以前にそのイデアを見ていなければならないはず。いつ？　どこで？　あの世でだ。

現代でも「前世」や「過去生」なるものを信じる人びとがいる。現代の自分が生まれる前、別の人間として、別の時代、別の空間に生きていたのだ、と信じる人びとだ。この「過去生」を知ることによって心身の不調を治療する、と主張する人もいる。「過去生療法」などと呼ばれる。

もっとも、過去生はともかく、イデアの想起説は、遺伝子や脳の研究の進歩によって、一〇〇パーセント間違いとはいえなくなったかもしれない。つまり、生まれたままの人間の脳はまったくの白紙ではなく、また、環境によってだけすべてが左右されるわけでもなく、アプリオリにそなえている能力がある程度はあり、それが環境要因と影響し合いながら人間は作られていく。遺伝的要因の部分は「想起」という考え方と似ている。

では、いったい、何時《いつ》われわれの魂はそれらの知識を獲得したのか。なぜなら、われわれが人間として生まれて以後ではないのだから。（66頁）

われわれの魂もまた、われわれが生まれる以前にも存在したのでなければならない。（67頁）

プラトンはこのようにソクラテスに語らせている。現代人のわたしたちは「知識は遺伝子の中に書き込まれている。その遺伝子は、何世代にもわたって生殖を続けながら受け継がれてきた」とケベスにいうだろうか。

まあ、それはともかく、プラトンの主張はつぎのようにまとめることができる。

・肉体と霊魂は別のものである。
・人間は死ぬと、肉体は滅びるが、魂は滅びずにあの世に行く。
・あの世にいった魂は、あらたな生を受けた肉体に宿って帰ってくる。
・魂は不滅なのだから、死を嘆き悲しむ必要はない。

しかも、魂が純粋さを保つという点で考えると、死は好ましいものである。

ソクラテスは次のようにいう。

もしも、魂が純粋な姿で肉体から離れたとしよう。その場合、魂は肉体的な要素を少しも引きずっていない。なぜなら、魂は、その生涯においてすすんで肉体と交わることがなく、むしろ、肉体を避け、自分自身へと集中していたからである。このことを魂はいつも練習していたのである。そして、この練習こそは正しく哲学することに他ならず、それは、また、真実に平然と死ぬことを練習することに他ならないのだ。（79頁）

先にも述べたように、哲学とは死ぬことの練習だ、というのである。だから哲学者は喜んで死ぬのだと。

また、次のようにも語る。

神々の種族の仲間に入ることは、哲学をした者、そして、まったく浄らかになって立ち去る者、学を愛する者、にしか許されていない事柄である。（83頁）

哲学する者の死は特権的である、とすらいうのだ。

肉体は滅びるが、魂は不滅だとプラトンは繰り返す。

死が人間に近づくと、思うに、人間のうちの可死的な部分は死ぬが、不死なる部分は、

死に対して所を譲って、安全に滅びることなく立ち去ってゆくのだ。（150頁）

もしも魂が不死であるならば、われわれが生と呼んでいるこの時間のためばかりではなく、未来永劫のために、魂の世話をしなければならないのである。（153頁）

しかし、プラトンがソクラテスに繰り返し主張させている魂の不滅も、ひとつの仮説にすぎない。想像したことでしかない。誰も確かめたわけではない。死んで生き返った者はいないのだから。プラトンにいわせると、生きている者はすべて死者から生まれ、あの世（ハデス）から魂を持ってきているのだとしても、それを目で見て確認した者はいない。

ここでもうひとつ考えなければならないのは、プラトンの時代にあっても、こうした考え方は決して主流ではなかったということだ。というのも、先に触れたように、ソクラテスの最期に際して、クサンティッペは嘆き悲しんでいたのだし、パイドンやクリトン、ケベスたちも、ソクラテスが死ぬことを悲しんで、最後の最後まで一緒にいたくて、牢獄までやってきたのだから。死は喜ばしいもので、それは魂が不滅で、その魂が低次元の欲望につきまとわれた肉体から解放されるからだ、というプラトンの考えは、当時のギリシア社会では異常なものだったからこそ、彼は対話録というかたちで残したのだろう。

プラトンの仮説の妥当性については、いろんな角度から検討することができる。

たとえばこれは、家族や友人、弟子たち、そして自分自身を安心させるために、ソクラテスが（あるいはプラトン）がでっち上げた壮大なフィクションなのだと考えることもできる。死はたんなる終わりであり、消滅であり、ケベスがいうように肉体が消滅すれば魂も消滅してしまうのではないかと考える人が多いからこそ、あえて魂の不滅を語ったのだと考えられなくもない。要は、これもまた死というできごとを受容する態度のひとつだった。あるいは、この対話篇の主眼はイデアの想起説を語ることにあり、ソクラテスの死はそのためのエピソードでしかないとも。

しかし、肉体が滅びても魂は残るという考え方は魅力的だし、そのために「肉体が生きているうちもまじめに生きなければ」と殊勝にも思う人だって出てくるだろう。「神がいなければすべてが許される」とドストエフスキーは『カラマーゾフの兄弟』で次男のイワンに語らせたけれども、「神」を「魂が肉体とともに滅びるのであれば」「あの世がないのなら」と言い換えることもできるだろう。

この世を超えた超越的な世界や存在を措定して、そこからこの世における人間のふるまいについてあれこれ考える倫理観（「神様は見ている」など）と、「人は死んでも魂は残る」「天国がある」「極楽がある」「あの世がある」という考え方は、どこかでつながっている。

たしかに、あの世があると思えば、死がそれほど怖くなくなるということはあるかもしれない。また、人間は死んでも完全には消滅せず、あの世で魂として存在し続けると考えれば、親しい人の死の悲しさもいくぶんかはやわらぐかもしれない。あの世で再会できる、という気持ちもあるだろう。

でも、心底それを信じている人はどれほどいるだろう。オウム事件のとき、殺人を「ポア」と言い換え、魂の浄化なのだからと正当化する信者たちに共感する人は少なかった。わたしを含めて多くの人は、それを欺瞞であるか、さもなければ狂気でしかないと思った。霊魂の不滅について、現代人はそれほど真剣には考えていない。でも、なんとなく墓の前では手を合わせ、故人について語るときはあたかもあの世に霊魂として生きているかのように語る。それは子供たちの「ごっこ遊び」にも似ている。誰もが虚構であることを知りつつ、その物語を受け容れ、物語のフレームの中でふるまうことを受け容れる。それは、死がたんなる終わりであり、消滅でしかないという現実を受け容れるよりも、心地よく、たやすいからだろう。あの世を信じるのは安易だ。

2　ジャンケレヴィッチ『死』を読みながら

ウラジミール・ジャンケレヴィッチはフランスの哲学者である。一九〇三年に生まれ、一九八五年に満八一歳で死んだ。サルトル（一九〇五～一九八〇年）やメルロ＝ポンティ（一九〇八～一九六一年）、レヴィナス（一九〇六～一九九五年）らとほぼ同時代人である。ベルクソン研究から出発し、哲学以外にもドビュッシーやラヴェル、フォーレなど世紀末フランスの作曲家についての著作がある。哲学の著作の中でもときどき音楽の話が出てくる。

一九六六年にフランスで刊行され、七八年に中沢紀雄による日本語訳が出た『死』は、ジャンケレヴィッチのなかでももっともよく知られた本だ。

だが『死』を読んでも、「これが死だ！」と、すぱっとわかったような気持ちにはならない。なんだか「死」のまわりを、ぐるぐる回っているような印象なのである。逆にいうと、それこそが死というものなのかもしれない。周辺をぐるぐる回って示すことでしか語りえないものが死なのではないだろうか。

死について考えることは、宇宙の始まりについて考えることと似ている。ビッグバンが起きて宇宙が生まれた、と今のところ考えられている。ビッグバンが起きる前は何もなかった。宇宙の誕生と同時に時間と空間が生まれた。時間と空間が生まれる前は何もなかった。まったくの無だ。これは仮に宇宙の誕生の前には何かがあったと考えても同じだ。その何かの起源をまた探っていかなければならないから。宗教によっては創造主を想定する。だが創造主はどのようにして生まれたのかと考えると、同じように無限の反復に陥る。無限に反復されることは無と同じだ。ニーチェの「永遠回帰」も同様である。

死も、死んでどうなるかは、考えることができない。誰もが必ず死ぬのに、自分が死んだことについて語ることはできない。なんだか不条理である。

宇宙誕生の前の、時間も空間もないものを想像するのが難しいように、死後の、自分の存在がなくなったあとの自分の存在について想像するのは難しい。

そこに「ある」ことを考えるのは簡単だ。あるいは、簡単そうに思える。簡単だと思えるのは、考えが足りないからかも知れないが、とりあえず「ある」については考えやすい（ということにしておく）。だが、無、つまり「ない」ことについて考えるとはどういうことか。

「ない」をどう想像するのか。

目の前にボールペンがある（こういうとき、日本語では「ボールペンがある」で済まされるが、言語によっては、ボールペンが一本なのか複数なのかで言葉が変わる。一本なのか二本以上なのかについてはこだわるのに、二本なのか三本なのか四本なのかはこだわらない。日本語を常用する者には不思議だと感じる)。そのボールペンがなくなる。ボールペンがある状態とボールペンがない状態。ボールペンそのものについて考えることはできる。どんなかたちのボールペンか。大きさ、持った感じ、デザイナー、値段など。ボールペンがなくなったときはどうだろう。あったはずのボールペンがなくなれば、それは目の前の机からなくなっただけで、隣に積んだ本の後ろに隠れてしまったとか、鞄の中に紛れ込んでしまったとか、あるいは間違ってゴミ箱に落としたのを気づかずに棄ててしまったとか、さまざまな可能性を考える。だがボールペンの存在そのものがこの世から消えたというふうには考えない。だから正確にはボールペンはなくなったのではなく、どこかに移動したのだ。

ところが宇宙誕生以前の「ない」や、わたしが死んだあとの「ない」は、この世から消える(あるいは誕生以前の宇宙であれば、まだ「ない」)であって、どこかに移動するわけではない。もちろんわたしが死んだあとも、わたしの肉体はしばらくあり、たとえばそのまま発見されずに腐敗し、やがて白骨化し、さらには微生物などによって解体され、別の物質になるかもしれない。あるいはわたしの死体が野山などにあれば、熊やイノシシが食べ、鳥がついばみ、野ねずみがかじり、さまざまな昆虫が食べてしまうかもしれない。あるいは、幸いにして(?)誰かが発見し、火葬してわずかな骨の燃えかすとなるかもしれない。だがそれはわたしの死体=身体であって、わたしの存在=「ある」は永遠に失われたままになる。

死について考えることが宇宙論を連想させるのと同じく、それは「生」についても似たようなことがいえる。人の「生」はどこからがはじまりなのだろう。誕生した瞬間か、それとも受精の瞬間か。誕生した瞬間ということなら、母親の胎内にいるものはなんなのか。誕生近い胎児は耳も聞こえているし感情もあるようだ。早産や帝王切開による出産ということを考えても、誕生の瞬間から「生」が始まるというのは合理的ではない。では受精の瞬間か。福音派キリスト教徒だとそう考えるかもしれないが、しかしまだ細胞分裂も始まっていない受精卵一個が「生」なのか。あるいは受精以前の卵と精子はどうなのか。「生」がどこから始まるのかは、よく考えるとあいまいだ。中絶をめぐる議論の難しさはここにあるが、極端な原理主義は不幸な人を増やす。

あいまいなまま「生」が始まる。一本の細長い棒のようなものをイメージする。棒の片方の端はぼやっとしている。その部分が「生」。棒のもう一方の先端が「死」だ。そこで棒は終わる。そこより先に棒はない。棒の先端は棒に属する。それは棒の一部だ。では棒の端の、棒と空気の触れる境界はなにか。空気の側は空気に属する（といういいかたは変だが）。棒と空気が間隔ゼロミリで隣り合っている。

細長い棒が羊羹のようなものだとイメージしてみる。羊羹をナイフで切る。羊羹は短くなる。短くなった羊羹の切断面が空気に接する。切断面が空気に接する、そこの部分が「死」だ。厚さゼロ、質量ゼロ。見ることも触れることもできない。見えるのは羊羹だけ。だが羊羹に端はある。たぶん「死」はそういうものだろう。幾何学上の抽象的な点や線として想定されているもの。

ジャンケレヴィッチは「此岸／彼岸」といういい方をする。死を「こっち」と「むこう」の境界ととらえ、誰もが必ずいつかは「こっち」から「むこう」に渡らねばならないととらえれば、「こっち」から「むこう」にはいけるけれども、「むこう」から「こっち」に戻ることはできない、不可逆的な通路、一方通行路のようなものだと考えられる。では死は、「こっち」と「むこう」を隔てているドアのようなものなのだろうか。

「こっち」と「むこう」のあいだに、三途の川のような幅のある境界エリアが存在するわけではない。三途の川幅はゼロである。

わたしが考えた羊羹のたとえでいうと、此岸は羊羹、彼岸は空気だ。空気は羊羹の存在しない世界である。「こっち」には羊羹が満ちていて、「むこう」には何もない。「ある」は「ない」に移行できる。「色即是空」という言葉を連想する。だが、「空即是色」とはいうけれども、「ない」から「ある」に移行するにはどうすればいいのか。もしかして、「生」の起源が「空即是色」なのか。卵と精子の核が結合するその瞬間がそれなのか。あるいは宇宙の始まりのビッグバンが「空即是色」なのか。

「死」は名詞だろうか。それとも動詞だろうか。あるいは形容詞だろうか。「死ぬこと」と「死」そのものとは同じだろうか。それとも別のことだろうか。

ミステリー小説などで、死体を発見した人が「し、死んでる！」と叫ぶシーンがある。だが、「死んでいる」という状態、「死」が継続している状態というのはありえない。「死」は瞬間的なものであって、そこに横たわる死体は「すでに死んでしまった人の肉体」である。それにもかかわらず私たちは、「死んでいる」という言葉に違和感をもたない。

人はいつまで死んでいられるのか。「死んでいる」という形容が許されるのは、どこからどこまでだろう。死体を発見したとき、発見者は「死んでいる」という。警察に通報するとき「男の人が死んでいます」という。「男の人の死体があります」でもいいが、「男の人が死んでいます」のほうがしっくりくる。

ミステリー小説を離れよう。朝食の時間になっても父が起きてこないので、部屋に行ってみると死んでいた場合。こういうときは「起こしに行ったら、お父さんが死んでいた」という。だが、訃報を聞いて駆けつけ、安置された遺体に対面したとき「死んでいる」とはいわない。「亡くなった」「死んだ」と、過去に完了したものとして語る。

死んでしばらく時間が経過し、たとえば葬儀も終わってしまうと、「亡くなった」「死んだ」といい、「死んでいる」とはいわない。つまりわたしたちが「死んでいる」というのは、まだ死者の肉体がある場合だ。寝ていると思った父が布団の中で死んでいる。見知らぬ男が首を絞められて死んでいる。「死んでいる」を機械について比喩として用いるときも、たとえばパソコンそのものは完全な形であるように見えているけれども、電源を入れても動かないときなどに「死んでいる」という。しかしパソコンが自動車の下敷きになってディスプレイもキーボードもめちゃくちゃに壊れているときは、「死んでいる」とはいわずに「壊れた」「破壊された」というだろう。

「死んでいる」と「死んだ」を、わたしたちは死体の状況や死の瞬間からの時間的経過によって使い分けているようだ。

生から死への変化は瞬間的に起き、不可逆的なものだ。テレビドラマなどでは、臨終の瞬間、医師が脈をとり、呼吸と瞳孔を確認して、「五時一七分、ご臨終です」と重々しくいう。

ところが脳死は、死を難しいものにした。脳死は、肉体的には生きているけれども、脳は死んでいる状態だ。脳が死んでしまえば、やがて肉体も死んでしまうので、最終的には同じことであるはずだが、脳の死と肉体の死のタイムラグの間に、臓器を取り出して他の人に移植しようという臓器移植が始まってから、脳死がクローズアップされるようになった。

医療技術の発展によって、脳が死んでいる状態になっても肉体をある程度までは生きたままにすることが可能になった。死が瞬間的なものから、幅のあるものに変わったのだ。

しかし「脳死状態にある」とはいうけれども、「脳死した」とはいわない。「脳が死んだ」も、いわなくはないかもしれないが、聞いたことはない。「脳が死んだ」という表現は「パソコンが死んだ」と同じような感じで、ちょっと不謹慎な印象がある。

脳死の判定には法的な基準が定められている。①深い昏睡、②瞳孔の拡大と固定、③脳幹反射の消失、④平坦な脳波、⑤自発呼吸の停止、⑥六時間以上経過したあとに同じ一連の検査をして、脳死かどうかが判定される。法的な判定基準があるということは、逆にいうと、それだけ生と死の判定が難しいということでもある。誰が見ても死んでいるとわかるわけではない、ということでもある。

死者が生き返ったという話も、身近にではないけれども、珍しい話として聞いたことがある。おそらく仮死状態だったのだろう、自分の葬式の場で、棺桶のなかで目を覚ましたとか、遺族が集まって泣いているところで目を覚ましたとか。仮死状態と脳死は違うけれども、素人にはわかりにくい。

しかし、脳死が幅のある死のように見えたとしても、やはり死は瞬間的なもので、不可逆的なものではないか。脳の死と肉体の死のあいだのどこかに「死」がある。脳死は人の死だと考える人は、脳の死が死だと考える。脳が死んだその瞬間のその人は死んでいる。仮に魂というものを想定すると、脳が死んだ瞬間に魂はその人から離れ、魂を失った肉体だけがこの世に残る。肉体は体温があり、機械による呼吸があっても、それはすでに死体だ。

脳死について、誰もが合意しているわけではない。臓器移植と一体化された議論になっているのでなおさらだ。臓器移植と切り離して考えると、脳死すればいずれ死んでしまうのだから、わざわざ脳死といわなくても、肉体的な死をもって死とすればいい。ところが臓器移植のための死となると、たとえそれが不可逆的なものだとはいえ、臓器を取り出すために早められた死のように思えてしまう。あるいは生者を生かすための人為的な死のようにも思え、素直に脳死は人の死だととらえにくい。

脳死ではないが、大学医学部などへの献体にも、やや似たような感情がある。献体は自分の死後、医学教育のために自分の遺体を提供することである。葬儀のときは遺体はないが、解剖実習などが終わると、遺体は遺族の元に返される。本人が献体を望んでも、肉親の拒否によって実現しないことがある。たとえ死んでいても、あるいは医学教育のためであっても、遺体に傷がつけられるのはたえられないという人がいるのだ。脳が死であり、不可逆的なものだとわかっていても、感情面ではなかなか受け容れられない。

肉親が事故や災害に遭ったとき、死んだことは確実なのに遺体が見つかるまでそれを受け容れられないという感情もある。もっとも、これは文化による違いも大きいようだ。「骨をひろう」ということばがあるように、遺体あるいは遺骨を収拾してはじめてその人の死を認めるような感覚がわたしたちにはある。航空機や船舶などの事故、地震や火山噴火などで、いちどにたくさんの命が奪われたとき、日本では遺体が見つかるまでかなりの努力をする。だが西洋ではそれほどでもないとも聞く。亡くなったことが確実であるなら、遺体が見つからなくても死を受け容れるという。それは魂と肉体とは別のものであり、肉体が死んだあと魂は天国に行き、肉体はその抜け殻にすぎないという感覚なのだろうか。デカルト的な心身二元論を想起させる。

ゾンビという概念も、西洋的なものに思える。もっとも、遺体にこだわる感覚が日本独特のものなのか、東アジアあるいは非西洋全体に共通するものなのかは、もう少し勉強してみないとわからない。

ジャンケレヴィッチは死を三つの人称でとらえる。一人称の死、二人称の死、三人称の死だ。「わたしの死」「あなたの死」「彼の死」である。

二人称の死と三人称の死は、わたしから見ると他人の死だ。他人の死は経験できるけれども、自分の死は経験できない。死んだ瞬間にわたしの存在はなくなってしまっているのだから、経験の主体が消失してしまっている。

ジャンケレヴィッチの『死』は、まず「死の神秘と死の現象」と題された序文的な文章があり、第一部「死のこちら側の死」、第二部「死の瞬間における死」、第三部「死のむこう側の死」という三部構成になっている。それぞれの部は四章からなる。たとえば第一部「死のこちら側の死」は、第一章「生きている間の死」、第二章「器官‐障碍」、第三章「半開」、第四章「老化」という構成で、それぞれの章は三から九ほどの節にわかれている。一人称の死・二人称の死・三人称の死という分類が出てくるのは序章である「死の神秘と死の現象」の最後のほうだ。

死を「こちら側」「瞬間」「むこう側」と分類するのは、なんだか使用前・使用中・使用後みたいでこっけいな感じがする。とくに「瞬間」と「むこう側」については、気がついたときは死んでいるわけだから、そもそも考えようがない。考えようがないのに、考えてしまう。そこに人間の不幸がある。

死は誰にも平等にやってくる。金持ちも貧乏人もいつかは死ぬ。死は平等だが、死にいたるプロセスは平等ではない。一流ホテルの豪華な部屋のような病室で死ぬ人もいるだろうし、路上で誰にも気づかれずに死ぬ人もいる。心の準備をしている人もいれば、まったく不意打ちのように死がやってきた人もいるだろう。

ときどき高速道路を運転しながら、「一〇秒後には死んでいるかもしれないな」と考える。対向車線のクルマが分離帯を飛び越えて突っ込んでくるかもしれないし、大型トレーラーに追突されるかもしれない。わたし自身がめまいを起こしてフェンスに激突するかもしれない。死亡事故のニュースはしょっちゅう新聞に載る。ほとんどは誰もが起こしうる事故だ。誰もが起こしうるのに、わたしだけが起こさないということはないだろう。わたしは免許を取得してから無事故無違反できたけれども、それはたまたま運がよかっただけだ。このまま運転を続ければ、いつか事故を起こすだろう。わたしが原因とならなくても、他人が起こした事故に巻き込まれるかもしれない。

いつか死ぬし、いつ死ぬかはわからない。来年かもしれない。来週かもしれない。今日かもしれない。誰もが自分はいつか死ぬとわかっている。わかっているが、納得はしていない。だからガンなどの宣告を受けると動揺する。冷静に考えると動揺はばかげている。いつかは死ぬのだから。「あなたは死にます、三〇年後に」というのと、「あなたは死にます、三年後に」というのと、「あなたは死にます、三か月後に」というのとで、違うのは三〇年、三年、三か月という、死ぬまでの猶予期間だけだ。死ぬことに変わりはない。もちろんこの違いは大きい。たとえば「あと何回ご飯を食べられるか」。一日三回として、三か月なら九〇回。三年なら三二八五回。閏年が入れば三二八八回。三〇年なら三万二八七一回。この違いは大きいが、たとえば牢獄のなかでの三〇年と、牢獄の外での三年であれば、どちらを選ぶだろうか。あるいはベッドに横たわり、胃瘻その他さまざまな管がスパゲッティ状態になった三年間と、自宅で元気にすごす三か月と。

「死のこちら側」はいつか必ずやってくる死に期限を措定することで、ずいぶんと様相が異なる。しかも、どれがましで、どれが最悪かという判断はできない。

終末医療の問題が難しいのはここだ。身体中に管をつながれて横たわったまま生きるのは残酷だと多くの人はいう。自分がそうなったとき、延命治療はしないでほしい、という人もいる。わたしもそうだ。だが、ほんとうのことはわからない。たとえば高速道路を運転していて事故に遭い、大けがをして寝たきりの状態になったとき、身体中に管をつながれ、自力でご飯を食べることも、排泄することも、会話することもできなくなったわたしは、死にたいと思うか、それとも生き続けたいと思うか。エンディングノートに「延命治療はしないでください」と書いてあったとしても、その判断は健康なときに下した判断であって、実際に延命治療を受けているときに書いたものではない。

先にも述べたように、父が多系統萎縮症で全身が動かなくなり、医師から胃瘻をするかどうか決断を求められたとき、わたしは胃瘻をしないことを選択した。父だったらどうするかと考えたのと、自分だったらどうしたいのかを考えてのことだった。いまもその選択が間違っていたとは思わないけれども、そのとき父が何を望んでいたのかはわからない。もしかしたら胃瘻をしてでも生きたいと思っていたかもしれない。いずれにせよ父の病気は進行性のもので、しかも父の進行は早かったから、胃瘻したところでそれほど長くは生きられなかっただろう。

身近な人が死の宣告を受けたり、あるいはまったくの見ず知らずの人であっても事故や事件による死をメディア経由で知ると、自分は「死のこちら側の死」を生きているのを実感する。そこでは一人称の死も二人称の死も三人称の死も混じり合っている。死につつある自分と、死につつある家族や友人と、死につつある他人がいる。

東日本大震災でたくさんの人が亡くなった。それから二〇一八年三月まで七年の月日が流れた。犠牲者のなかには、もし震災がなかったとしても、七年の間に病気や事故で亡くなったであろう人が何人かいただろう。もし震災がなかったら、それは特別な死として扱われることはなく、新聞等でも報じられることがなかったかもしれない。震災で亡くなったので、特別な死として扱われる。しかし、震災がなくても亡くなったかどうかなんていうことはわからない。

仮に統計的にそのような予想値を算出することができたとしても、そのことに意味はない。震災は起きたのだし、なかったことにできない。震災の犠牲者数から、震災がなかったとしても震災以外の原因（病気や事故や事件）で亡くなったであろう人の数を引くことはできない。

暴走するトロッコに乗った五人を救うために一人を犠牲にすべきかどうかとか、沈没する船から救命ボートに乗せる人を一人選ぶとすればという思考実験は、退屈な酒場の話題としてはいいかもしれないが、現実にはあまり意味がない。トロッコに乗っているのは抽象的な人間ではなく、一人ひとり名前があり、顔があり、声があり、家族があり、人生がある。当事者たちの中に親しい人がいればその人を救いたいと思うかもしれないし、赤の他人であっても幼い子供を優先して救おうと思うかもしれない。瞬時の判断では、たとえば容姿とか雰囲気とかそういうことで選んでしまうかもしれない。心理的にいちばん楽なのは自分が犠牲になって他の人を救うということだろうけど、それだって現実にその場になってみないとわからない。おろおろしているうちに全員死んでしまうという結果がいちばんありそうだ。だがそれだって、「どうせいつかはみんな死んでしまうのだから」と考えれば、それほど間違った選択とも思えない。

ジャンケレヴィッチの『死』の第一部第三章は「半開」というタイトルがついている。

半開は、器官－障碍と同じように、死の深遠な非一義性を表明する。半開、かいま見……こと人間に関する場合には、まったくのこと、すべてが二つのものの間にある。死が、生きるのを妨げることであり、また同時に、実存の根源的条件であることを確かめたのち、われわれは死が越ええぬ障壁であり、また同時に、際限なく延ばしうる日付であることを発見することになろう。死についてわれわれは半知識をもっているが、それはまた半無知、学ある無知だ。知らざる知、無力な力、半知そして半力——死すべき被造物とその死との関係においては、すべてが半分ずつ、両面をもっている。

（『死』仲澤紀雄訳、みすず書房、143頁）

「半開」というのは、ようするに半開きだ。半分開いていて、半分閉じている。一方通行の弁みたいなものと思ってもいい。わたしたちは死について完全に知ることはできない。裏側を見ることができない鏡のようなものだ。たとえば四角い部屋があって、一面が全面鏡張りになっているとする。ダンスのスタジオのように。鏡をのぞき込んでも、映っているのは自分の顔だったり、少し斜めからなら風景だったり。鏡のこちらからでは、鏡そのものを見ることはできない。鏡の裏側を見るためには、部屋から出なければいけない。つまり死ななければいけない。だが部屋から出る扉は一方にしか開かない。出ることはできるが、いちど出てしまうとふたたび入ることはできない。

部屋から出ずに鏡について考えてみる。コツコツと叩いてみたりなでてみたりする。鏡とは何かを考える。鏡の向こうの世界はどうなっているのか。鏡の向こうにもこちらと同じような世界があるようにも思えるし、鏡の向こうにはこちらよりもはるかに広くて大きな世界があるようにも思える。たとえば、いまいるこの鏡の部屋は宇宙にぽっかり浮かんでいて、外には無限の世界があるというように。だが、どう考えようと、それは無意味だ。ドアは半開きであり、出ることはできても、戻ることはできないのだから。外の世界が完全なる虚無であれ、異次元であれ、世界の内部には関係がない。

ウィトゲンシュタインの『論理哲学論考』に「私の言語の限界が私の世界の限界を意味する」とあったのを思い出す（五・六）。

『論考』はツリー構造になっていて、命題五は「命題は要素命題の真理関数である。／（要素命題は自分自身の真理関数である）」となっている。

五・六一は「論理は世界を満たす。世界の限界は論理の限界でもある」といい、五・六二一には「世界と生とはひとつである」という。五・六三「私は私の世界である（ミクロコスモス。）」。五・六三一「思考し表象する主体は存在しない」。五・六三二「主体は世界に属さない。それは世界の限界である」。

命題五の最終部分、五・六四一でウィトゲンシュタインは次のようにいう。

それゆえ、哲学において、自我について心理学的にではなく論じうる意味が、たしかに

ある。

自我は、「世界は私の世界である」ということを通して、哲学に入り込む。
哲学的自我は人間ではなく、人間の身体でも、心理学が扱うような人間の心でもない。それは形而上学的主体、すなわち世界の――部分ではなく――限界なのである。

（『論理哲学論考』野矢茂樹訳、岩波文庫、１１８頁）

似たようなことをいっている。わたしたちは行けるところまでしか行けないし、見えるところまでしか見られない。考えられるところまでしか考えられない。だが、鏡のこちらから鏡の裏側が見えなくても、鏡があるのは事実だ。そしてわたしたちは鏡があることについて納得できないでいる。

ジャンケレヴィッチは三つの死があるという。第三人称の死、第二人称の死、第一人称の死。ふだんわたしたちが接するのは第三人称の死だ。新聞を開けば、そこにはたくさんの死がある。どれも赤の他人の死だ。

若いころ読んだ本に、新聞は訃報欄から読めと書いてあった。自分に関係のある人、たとえば仕事でお世話になった人やその肉親の訃報があったら、葬儀にいくなり弔電を打つなりしなければならないから。新聞のなかのたくさんの第三人称の死の中から第二人称の死を見つける。

新聞の訃報欄といえば著名人や社会的地位の高い人、その肉親の死を伝えるものというイメージがあるが、地方紙にはそれとは別に「お悔やみ欄」と呼ばれる市内及び近隣の町村で亡くなった人びとがほとんど網羅されるように載るページがある。それは著名人の訃報欄とは別で、まったくの市井の人びとの死亡告知だ。市内の葬儀社などからの情報によってつくる。著名人の訃報はその人の存在を知っているという意味で第三人称のなかでも第二人称に少し近いところにあるが、このお悔やみ欄はまったくの第三人称の死で埋め尽くされている。顔も名前も知らない人びとの死のなかに知人の名はないかと新聞を眺めるのが朝の儀式だ。

冷静に捉えられるのは第三人称の死だ。冷静にどころか、たとえば新聞の社会面に載る事件や事故による死を、わたしたちは娯楽のように消費している面がある。死は人を興奮させる。同情したり憤ったりしながらも、他人の死についての情報を消費している。それは楽しんでいるのではなく、自分は死んでいないということの確認であり、自分の死＝第一人称の死への恐怖と一体だ。他人の不幸が蜜の味といわれるのは、他人が不幸であることによって自分が不幸ではないこと、あるいは自分だけが不幸ではないことを確認する快感があるからだ。たとえば読売新聞社のサイト「発言小町」を覗くと、そうしたおぞましい書き込みでいっぱいだ。

第三人称の死・第二人称の死・第一人称の死は、くっきりとわかれているわけではない。新聞の訃報欄やお悔やみ欄に知人の名を見つけたとき、それが第三人称から第二人称へと移行するように、三つの死は連続している。

ジャンケレヴィッチはいう。

第三人称および第二人称は他者（かれあるいはあなた）に対するわたしの観点あるいは他者のわたし自身（他者の第三人称あるいは第二人称とみなされたわたし）に対する観点であり、たがいに相手となる二者は、モナドとしても、また個人としても、差別された二つの主体のままだ。（『死』24頁）

だが二つの主体が交わることもある。

第三人称態の死は、死一般、抽象的で無名の死、あるいはまた、たとえば一人の医者が自分の病気を検討する、ないしは自分自身の症状を研究する、あるいは自分自身に診断を下すというようなふうに、個人の立場を離れて概念的に把えられたものとしての自分自身の死だ。（25頁）

医者も病気になることがあるし、医者もいつかは死ぬ。医者は病人としての自分をどう見るか。死にゆく病人としての、自分の中の第三人称の死を見つめ、しかしそれと同時に世界の終わりとしての第一人称の死も見つめなければならない。医者はそれまで多くの患者を看取ってきただろう。医学生のときは解剖実習もして、死んだ人間がどうなるかも知識だけでなく視覚や嗅覚や聴覚やそしてなにより触覚で確認してきただろう。もしかすると肉親や親しい友人や恩師などの第二人称の死にも遭遇してきたかもしれない。
「第三人称が平静の原理なら、第一人称は疑いもなく苦悶の源泉だ」とジャンケレヴィッチはいう。死にゆく医者は、自己の内部に平静と苦悶の両方を抱える。

顔をもたぬ第三人称はわたしにはもう弁解の役には立たない。われわれにとってなんでもないもの《ウーデン・プロス・》? わたしにとってなんでもないもの《ヘーマス》? だが、まさに逆なのだ。この虚無はわれわれにとってすべてだ。言いかえるなら、われわれの〝すべてか無か〟が問題なのだ。（26頁）

すべての第三人称の死には第一人称の死も第二人称の死も含まれている。それと同時に、第一人称の死にも第三人称の死と第二人称の死が含まれている。

三砂ちづるがエッセイ『死にゆく人のかたわらで』で延命治療について書いている。三砂の夫は一五年六月に末期ガンで亡くなった。三砂にも夫にもそれなりの介護経験があった。三砂の父、夫の母が、それぞれ認知症を患ったのちに亡くなっている。それぞれの親の延命治療について、三砂と夫は決断する立場にあったし、決断してきた。ジャンケレヴィッチの分類でいうなら、第二人称の死について選択と決断をしてきたわけである。

三砂の父は認知症となり住宅型有料老人ホームに入るが、腸閉塞を何度も繰り返しては入退院を繰り返すようになる。やがて誤嚥性肺炎も起こす。何度目かの誤嚥性肺炎による入院中のこと、三砂の父はもうほとんど目を覚まさなくなり、口からは何も食べない。点滴で水分と最低限のカロリーを補給するだけ。ホームの施設長からは「施設に帰りましょうか」といわれる。

病院での治療はもうやめましょう、ということだから、それは父の死を待つことを意味した。

（『死にゆく人のかたわらで』幻冬舎、166頁）

父を生かし続けるには胃瘻などの延命治療をするしかない。施設に帰るということは延命治療をやめて静かに死を待つということ。父の第一人称の死は、娘にとっては第二人称の死だが、それを決断するのは娘だ。延命治療は「やったところで、父が喜ぶことは何もないような気がする」と三砂は思った。

病院からホームに戻ると、こんどは訪問診療のドクターが「もう点滴を取りませんか」と三砂に告げた。点滴を続けている限り、鼻水や痰が切れない、父はもう自分で痰を出せないから吸引するしかないのだが、これは本人にとって苦しい。やがて父は静かに息を引き取った。

夫とわたしは、ここで「点滴をやめる」ということを学んだ、と言える。これは、延命治療をしない、という具体例のひとつである。わたしたちはそれが父の死期を早めた、とは思えず、父の死の尊厳を守った、と感じた。この父の亡くなり方について、そして「点滴をはずすことに合意する」という自分たちがとった決断について、後悔はしなかった。やっぱり延命治療はしないほうがいい、としみじみとわたしたちは思ったのだ。(170頁)

その翌年、夫の母が亡くなる。認知症を患い、特別養護老人ホームに入って長く寝たきりだった彼女も、延命治療をすることなく眠るように亡くなった。

その夫がガンになった。中咽頭ガン頸部リンパ節転移。夫は家で死にたいといった。

こういう経験があったものだから、夫もわたしも、「延命治療はしない」ということに、素人ながら、割と明確なイメージを持っていた。なんらかの理由で、食べ物が口に入らなくなってきたら、もうそこまでだ。そこで無理なことをしなければ、静かに、枯れるように、苦しむことなく死んでいける。

父と義母は、施設の助けもあって、実に見事に静かに死んでいった。親として、この時期にこの経験をわたしたちにさせてくれたことの意味は実に大きかった。だから、夫が「家で死にたい」と言うのも、だいたいそういうプロセスではないか、と、夫もわたしも、思うに至る。

（173頁）

夫は病状が進んでも入院はせず自宅にいた。ところが三砂の（そしてたぶん夫にとっても）予想できないことが起きる。夫は胃瘻をしたいと言い出したのだ。喉のガンだから、食事をとることも水を飲むことも辛くなったからだろう。その前に、訪問診療のドクターが「首のガンの場合、胃瘻をして元気になる人もいますよ」といっていたのを覚えていたのだろう、と三砂は書く。「こんなに食べるのがつらいんだったら、胃瘻にしたい」という夫に、三砂は狼狽する。

胃瘻にして長く生きられるのなら、そのほうがいい、と思うような、いや、もうこれだけ痩せてつらそうにしているのに胃瘻にしてなにをいったいどうするんだ、というような、混乱した思い。こういうふうに、混乱しないように、もともと「延命治療はしない」という方針を立てていたのではなかったか。

（177頁）

「延命はしない、という方針だったよね」とつぶやく三砂に、夫は激怒して「そんなにいやなら病院に行く。入院させてくれ」という。

一緒に方針を確認した夫婦ですら、死に直面すると心は揺れる。夫の第一人称の死は三砂にとって第二人称の死であり、それはひとつに重なるように見えて、完全には重ならない。

結局、ドクターに相談すると、もう手遅れで、胃瘻の処置にたえられる体力は残っていないだろうといわれる。高カロリー輸液という消極的な延命治療によって、夫は在宅のまま最期の二週間あまりを送ることになったという。

三砂の夫が胃瘻を望んだのは、「胃瘻をして元気になる人もいますよ」というドクターの言葉を思い出して、胃瘻をすれば元気になれるかもしれないという、いわば生への執着からだったのか、それとも食べるのも飲むのもつらいのでその苦痛から逃れたいということだったのか、真意はわからないし、両者は分けられるものではない。

わたしの母がガンで逝くときも、いちど娘（わたしの妹）やドクターとともに決めた方針について、「やっぱり、あれは」といいだして迷うことがあった。そのたびに妹は振り回されていた。妹にとっては第二人称の死である。

当人が重い認知症だったり、意識がなくなっているとき、わたしたちは「元気なころの当人だったらどう考えたか」「自分が当人だったらどう考えるか」をもとに延命治療について判断する。当人の希望を示すものがなければ、そうするしかない。だが三砂の夫の例は、その判断の根拠を危うくする。「延命はしない」と当人が決断し、配偶者もそれを確認していても、いざ死期が近づくと、あるいは苦痛が大きいと、その方針が覆されることもある。ジャンケレヴィッチのいう、医者が病気になる場合でいうと、死期が近づくまでは、自分の死であってもどこか第三人称の死としてとらえていて、それが死期が近づき、あるいは死への苦痛（この苦痛は、その苦痛を克服すれば病気が治るというものではなく、苦痛の果てには死しか用意されていないものだ）が高まると、第一人称としての死とその恐怖が前面化するということなのかもしれない。

ならば、肉親も含めて第三者が延命治療の拒否を判断することは正当だろうか。また、過去に表明した自分自身の延命治療拒否の意志は、状況が変わっても有効なのだろうか。認知症だから、意識がないから、自分の死について判断できない、と考えることはほんとうに正当なのだろうか。かといって、呼吸が止まり心臓が動かなくなり脳波もとまるまで管につないでおけ、というのも非人間的であるように感じる。

ジャンケレヴィッチはいう。

要するに、第一人称は、過去形なく現在形なき欠如変化しか使用できない。さらには、わたしは自分にとって死ぬことはけっしてない。自分にとっては死はけっして存在しない。ないしはまた、すでに言ったように、死ぬのはけっしてわたしではなく、つねに他の者だ。エピクロスの知恵は、周知のように、このことから死の悩みがむなしいこと、および、われわれの心を悩ませる問題はいつわりのもので、問題は存在しないことを結論した。わたしにとってはほんとうにわたしのものである死はない。――さらによいことには、わたしは他の人びとにとってしか死なず、わたし自身にとって死ぬことはけっしてなく、また同様にして、わたしの側では、他人が自身知らない他人の死をわたしだけが知る。ということは、一口で言うなら、結び合わせるのが不可能なのは、一方の直説法現在、他方の第一人称だ。（『死』33頁）

第一人称の死とは自分の死という意味ではなく、死のその瞬間、死そのもののことであり、しかしそれは存在しない。幾何学の抽象的な点のようなもので、そこに近づくことはできるがそのものを手にすることはできない。

しかも、死は後戻りできない。生き返ることはできないし、二度死ぬこともできない。ところが医療の進歩はそれをあいまいにした。延命、つまり死を先延ばしにすることはできるようになった。一定の条件があれば、のことではあるが。いつかは死ななければならないが、いま死ななくてもいいようになった。しかし延命はいつまでも続かない。今後、ｉＰＳ細胞やクローンの技術が進歩して、たとえば壊れた臓器を自分の細胞から培養した臓器に取り替えることができるようになったとしても、それによって永遠に死が遠ざけられるわけではない。緩慢な死がより長くなるだけかもしれない。長寿化といわれるが長生きする人の絶対的年齢は今も昔もあまり変わりなく、平均寿命が延びているだけである。

だが苦痛のない緩慢な死ならどうなのか。あるいは、人工知能やロボット、アンドロイドの技術が進んだらどうなのか。人工知能が人間の能力を超える技術的特異点、シンギュラリティはもう目前だともいわれる。自分で学習するロボットができて人間の能力を超え、ロボットがロボットを開発するようになると、ロボットは幾何級数的に進歩するだろう。そのロボットに人の意識をコピーすれば、人は機械の身体で永遠に生きるようになるかもしれない、故障したパーツを交換しながら。あるいは人間の知能と人工知能をデュアルで持つロボットがあらわれたら……。それでもその超人はいつか死ぬだろう。人間の欲望はつきないが、死から逃れることはできない。宇宙に始まりと終わりがあるように、存在に永遠はない。

3　自殺について考える

いつ死ぬか、どう死ぬかを、自分で選ぶことはできない。自分の意思で生まれたわけではないのと同じように。自分の意思とは関係なく生まれ、自分の意思とは関係なく死んでいく。その点でも、存在は宇宙と似ている。

自分の意思とは関係なく死んでいくと書いたが、唯一の例外は自殺である。増えすぎたレミング（ネズミの一種）が集団自殺するという話があるが、どうやら嘘らしい。自分の意思で死ぬ動物は人間だけだ。

自殺は珍しくない。わたしの友人知人や親戚で殺人事件の被害者になった人はいないが、自殺した人は何人かいる。母のいとこ、大学の同級生、サラリーマン時代の先輩社員、ライターになってからの同業者、一緒に仕事をしたイラストレーター……。

自殺について話すとき、人は声をひそめる。それが隠すべきこと、後ろめたいことであるかのように話す。肉親の自殺は不名誉なことだと思われている。親が自殺した子供は、親の死因が事故や病気である場合よりも気の毒がられる。子が自殺した親は、気の毒がられると同時に、その自殺の原因が親にあるのではないかと疑いのまなざしを向けられる。

そのためか、かつては自殺を家族が隠すことが多かった。「交通事故で」とか「不慮の事故で」と周囲に説明されることもあった。田舎の警察では、自殺であっても、遺族の意向を受けて、事故死とすることがある、と聞いたこともある。嘘か本当かわからないが。こうした風潮があったからか、今でも著名人が病気療養中という報道もなく急死したときは、「自殺では」という憶測がネットなどで流れる。

知人が亡くなった知らせを受けたとき、反射的に「自殺?」といってしまったことがある。電話の向こうで共通の知人は一瞬いいよどんだあと、「隠しておいても、いずれわかることだから」と、ビルからの飛び降り自殺であることを認めた。わたしは葬儀の手伝いをしたのだが、家族・親族はじめ関係者の間で少し揉めたのを覚えている。死因を交通事故ということにしたいという人びとと、自殺であるとはいわないまでも交通事故といつわることはないだろうという人びとの間で、ちょっとした言い争いがあった。交通事故ということにしようという人は「だって、親戚にも自殺だとは知らない人はいるのだから」といっていた。

だが、自殺もまた、ありふれた死に方のひとつでしかない。

東京では毎日のように鉄道への飛び込み自殺がある。新聞に載ることもめったにない。駅では「人身事故のため」とアナウンスされる。電車の運行が止まるのはほんの何十分かだ。ダイヤの乱れは残るものの、なにごともなかったかのように電車は動き出す。電車が止まったり遅れたりして影響をこうむった人は、苦々しい表情で、ときには舌打ちさえする。死者を悼む人はいない。死ねば舌打ちされる。ひとつの生命が失われたこと、ひとりの人生が終わったことよりも、自分の予定が狂ってしまうことのほうが、多くの人には重大なのだ。だがそれを、不人情だ、想像力を欠いている、などと非難することはできない。

なにも自殺しなくてもいいだろうに、と思うと同時に、生きるのがいやになったら死ねばいいか、とも思う。どのみちいつか死ぬのだ。それが少し早まるぐらい、どうっていうことないではないか。

ガンは最良の死に方だ、というのは自殺を肯定する考え方と似ている。ガンがよい死に方だといわれるのは、死ぬまでの時間がある程度確定できるからである。半年なり一年なりのあいだに準備ができる。もちろんその過程では、死ぬことについての否認や絶望、受容など、さまざまな葛藤と変化があるのだが、それは後述することになるだろう。そうした、期限つきで、しかも旅程がきまった死は、じぶんで決めてじぶんで死ぬ自殺と似ている。

駅のホームで電車を待ちながら、じぶんが飛び込んでしまうのではないかと不安になるのはわたしだけではないだろう。最近は減ったけれども、ホームに入ってくる電車を見ながら、いま飛び込めばすべてを終わらせられるな、と考えることがときどきあった。だから以前は電車が止まるまでホームの端には近づかないようにしていた。

わたしが飛び込まないのは、いつでも死ねるし、いつかは死ななければならないのだからと思うからだ。死にたくなくても死ぬ日はやってくる。それは一〇年後かもしれないし、明日かもしれない。

不治の病になって、自殺する人がいる。どうせ遠からず死ぬのだから、わざわざ自殺しなくても、とも思う。（肉体的に）苦しんで死にたくないということなのだろうか。あるいは、死を待つまでの肉体的・精神的な苦痛に耐えられないということなのだろうか。

ソクラテスの死は刑死だろうか、自殺だろうか。死をまぬがれることもできたのに死刑を受け入れたということでは、一種の自殺かもしれない。

日本の切腹という死に方は自殺と呼べるのだろうか。自分で腹を切るけれども、それは命じられてのことだし、自分で腹を切るのと同時に、介錯すなわち首を切り落とされる。

ショーペンハウエルは『自殺について』の冒頭で次のように述べている。

私の知っている限り、自殺を犯罪と考えているのは、一神教の即ちユダヤ系の宗教の信者達だけである。ところが旧約聖書にも新約聖書にも、自殺に関する何らの禁令も、否それを決定的に非認するような何らの言葉さえも見出されえないのであるから、いよいよもってこれは奇怪である。

（『自殺について』斎藤信治訳、岩波文庫、73頁）

自殺は否定されなければならない、というのはなんの根拠もないとショーペンハウエルはいう。自殺は卑怯だとか、「精神錯乱の状態においてのみ可能である」とか、不正である、というのは、ナンセンスで愚にもつかないことだと、やや口汚くののしる。

一体誰にしても自分自身の身体と生命に関してほど争う余地のない権利(レヒト)をもっているものはこの世にほかに何もないということは明白ではないか。
(73頁)

ショーペンハウエルはプリニウスの言葉を引く。

「生命というものは、どんな犠牲を払ってもこれを延ばしたいというほどまでに、愛著せらるべきものではあるまい、と私は考えている。そのようにのぞんでいる君が、どのような人間であるにしろ——よし君が不品行な乃至は罪悪に充ちた生活を送ったにしても——どのみち君は死ぬことになるのだ。だからして誰もがおのが魂の良薬として何よりもまず次のことを銘記しておくべきであろう、——自然が人間に与えてくれたあらゆる賜物のなかで、時宜をえた死ということにまさる何物もないのだということ。そしてその場合にも特に最上のことは、誰もが自分自身で死の時を選ぶことができるということなのだということ」
(75頁)

そのほかショーペンハウエルは、マルセイユとケオス島では、「死なねばならぬ尤もな理由を述べることのできた者には」死の当局者から毒人参の汁が提供されたこととか、「善人は不幸が度を超えたときに、悪人は幸福が度を超えたときに、人生と訣別すべきである」というストバイオスの言葉や、セネカはじめストア学派が自殺を一種の高貴な英雄的行為として賞賛したことを挙げている。ちなみにセネカは皇帝ネロの師だったが、嫌われて隠遁ののち自殺している。

ショーペンハウエルによると、「自殺に反対せらるべき唯一の適切な倫理的根拠」は「自殺はこの悲哀の世界からの真実の救済の代わりに、単なる仮象的な救済を差出すことによって、最高の倫理的目標への到達に反抗することになるものである」(78頁)というものだ。

自分自身の身体と生命なんだから、自分の好きなようにしていいじゃないか、といういいかたは、ふた昔前ぐらいに「援助交際」という名の少女売春が流行したとき、よく聞かれたことでもある。売る／売らないは自分で決める、とも。「自己決定権」などということばもよく聞かれた。

聖書では自殺を禁じていないのに、なぜキリスト教は自殺を否定するのか。ショーペンハウエルは次のようにいう。

キリスト教はその最内奥に、苦悩（十字架）が人生の本来の目的である、という真理を含んでいる。それ故にそれは自殺をこの目的に反抗するものとして排斥するのである、――これに反して古代は、もっと低い立場からして、これを是認し、否賛美さえもしている。（79頁）

禁欲主義で、苦悩こそが人生の目的だ、とキリスト教は考えるから、苦悩から逃れようとする自殺を否定するのだ、というわけである。

デュルケームの『自殺論』は社会学の古典である。一九世紀ヨーロッパ各国のさまざまな統計データを用いて、自殺と社会について論じている。この研究には、デュルケームの弟子で甥のマルセル・モースが協力者としてかかわっている。モースはのちに『贈与論』で知られることになる。

デュルケームの研究が画期的なのは、自殺を個人の内面の問題としてではなく、社会の現象としてとらえたところにある。

現代のわたしたちは、誰かが自殺すると「きっと鬱病だったのだろう」などということが多い。一昔前は「ノイローゼ」ということばが使われた。鬱病だから自殺した、鬱病でなかったら自殺しなかった、自殺は鬱病がもたらしたものであってその人本来の行動ではなかったのだ、と納得する。鬱病によって正常な思考と判断ができなくなっていて、その結果自殺してしまったのであり、もし正常な判断ができたら自殺などしなかっただろうというわけである。そこには、正常な人は自殺しない、という前提がある。また、人を正常と異常に分けられるという前提もある。

だが、デュルケームは、自殺は社会的なものだから、という。

生の世界においては、過度におよぶものはすべてよくない。生物の能力にしても、一定限界をこえないという条件のもとで、はじめて決められた目的を果たすことができる。社会現象についても同じことである。いまみてきたように、過度に個人化がすすめば自殺がひき起こされるが、個人化が十分でないと、これまた同じ結果が生まれる。人は社会から切り離されるとき自殺をしやすくなるが、あまりに強く社会のなかに統合されていると、おなじく自殺をはかるものである。

（『自殺論』宮島喬訳、中公文庫、２６０頁）

デュルケームは自殺についてのデータをさまざまな角度から検討する。国別の違い、年によっての変化、自殺率と一般死亡率の変化、男女比、年齢、精神病者との関係、宗教との関係、アルコールを原因とする精神病と自殺の関係、地域分布、人種、身長、季節・気温、等々およそ考えられるあらゆる角度で統計データを分析した。

デュルケームは自殺を三つに分類する。自己本位的自殺、集団本位的自殺、アノミー的自殺。さらに、この三つに当てはまらない自殺。つまり三＋一＝四つのパターンがあるというのだ。自己本位的自殺というのは、「行動への活力を弱める憂鬱なもの思わしさ」「無関心とよそよそしい感情」などに特徴付けられる。

意識は、周囲のものをすべて遠ざけ、みずからについて反省をめぐらし、自己をその固有の唯一の対象とし、これを観察し、分析することをもっぱらのつとめとする。しかし、この極端な自己集中の結果、意識は、みずからと自余の宇宙のあいだを隔てているみぞをいっそう深くうがつばかりである。（348頁）

おだやかな、またどうかすると甘美さをもまじえた憂鬱が、かれの最期の瞬間を特徴づける。（351頁）

自己本位的自殺は利己的自殺とも呼ばれる。内省的な自殺であり、現代人の自殺の典型パターンといえるだろう。

自己本位的自殺が過度に個人化が進んで社会から切り離されたことによる自殺なら、集団本位的自殺はあまりに強く社会のなかに統合されたために起きる自殺である。

デュルケームは未開民族における三つの自殺を挙げる。

・老年の域に達した者、あるいは病に冒されたものの自殺
・夫の死のあとを追う妻の自殺
・首長の死にともなう臣下や家来の自殺

この三つは日本人にとってもなじみ深い。「老年の域に達した者の死」は深沢七郎の小説『楢山節考』に描かれたような姥捨て伝説である。社会の超高齢化や医療費の増大に悩む日本で、医療費の抑制はこの集団本位的自殺（たとえば胃瘻や人工呼吸器の装着など延命措置の中止）といえるかもしれない。

「夫の死のあとを追う妻の自殺」は、「未亡人」という言葉に残る。未だ（夫のあとを追って）亡くならずにいる人、という意味である。

「首長の死にともなう臣下や家来の自殺」は殉死。明治天皇が死んだあと、軍人だった乃木希典が妻とともに殉死した。一九一二年のことである。漱石や鷗外に影響を与え、漱石は『こころ』を、鷗外は『興津弥五右衛門の遺書』を書いた。

デュルケームは述べる。

さて、以上のすべての場合をつうじて、自殺が行なわれるのは、当人がみずから自殺をする権利をもっているからではなく、それどころか、自殺をする義務が課せられているからである。かりにこの義務を怠ると、恥辱をもって罰せられるか、あるいはより一般的なケースとしては宗教的な懲罰をもって罰せられる。

（262頁）

未開民族の場合だけでなく、たとえば従業員を過労の果てに自殺に追い込むような現代のブラック企業もこれと同様だろう。自己本位的自殺に見せかけた、社会の強要による自殺なのだから。

自爆攻撃（自爆テロ）や日本軍の特攻も集団本位的自殺だ。これを支えているのは一種の狂信である。

「アノミー」はデュルケームがつくった用語で、「人々の欲求・行為の無規制状態。急激な社会変動に伴う社会規範の動揺や崩壊によって生じる」（『広辞苑』第七版）。

その情念とは、霊感でもなければ、宗教的、道徳的、あるいは政治的な信仰でもなく、また軍人的勇気でもない。それは怒りであり、また失望にともなってふつう芽ばえてくるあらゆる感情である。

（356頁）

人にも、周囲の状況にも不満をいだく必要はないにもかかわらず、いつ果てるともしれない欲望の追求——そこでは欲望は静まるどころか、苛だつばかりである——にみずから疲れてしまって、自殺をはかる者の場合である。
（358頁）

欲望がかなえられず、かなえられない自分と社会のあいだでうまく折り合いをつけられず、自殺を選んでしまう。現代なら、たとえば大学受験に失敗したとか、就職活動がうまくいかないとか、昇進できなかったとか、いろいろな場合があるだろう。

不景気で倒産や失業が増えると自殺も増えることは、現代でも指摘される。しかしデュルケームは、その自殺は貧困によるものではないという。貧困によって生存が不可能になるのではなく、欲望がかなえられなくなるから自殺するのだと。アノミー的自殺は、一見すると、たんにわがままな、駄々っ子のような死に方に見えるが、当事者が追い込まれる絶望感は壮絶なものだ。

ショーペンハウエルとデュルケームを読みながら思うのは、人はなんてくだらない理由で自殺するのか、ということである。病気による肉体的な苦痛に耐えかねて死ぬのはわかる。気の毒だと思う。だが、それ以外はどうか。事業に失敗して自殺する人は多い。追いつめられる気持ちはわからなくもない。だが、追いつめているものはなにかと冷静に観察すると、それは欲求・欲望の一形態でしかない。欲望を棄ててしまえば、自殺なんてしないですむのに。集団本位的自殺にいたっては、アホらしいとしかいいようがない。乃木希典夫妻の殉死に感動した同時代人は多かったようだし、神社までつくって祀られたが、じつにつまらない死に方ではないか。乃木夫妻が死んだのは一九一二年。なんと、たかだか一〇〇年前である。一〇〇年前に殉死のような前近代的な行為があり、それを讃える人がいたという事実に呆れる。もっとも、当時、文壇、論壇、ジャーナリズムをはじめ日本人の評価は真っ二つだったようで、その後も続く。乃木が死んだ理由は、西南戦争で連隊旗を奪われたことを償うためだというが、仕えた王のための殉死であろうと、遥か昔にあった面目を失うようなことのための自殺であろうと、どちらにしてもばかばかしい。死ぬのは勝手だが、神社までつくることはないだろう。あの神社の桜は美しいけれども。

第2章 病いについて

0　「調子悪くてあたりまえ」

世界保健機関（ＷＨＯ）は「健康」について、次のように定義している。

健康とは、病気ではないとか、弱っていないということではなく、肉体的にも、精神的にも、そして社会的にも、すべてが満たされた状態にあることをいいます。

（世界保健機関憲章前文より）

ただしこれは公益社団法人日本ＷＨＯ協会による仮訳で、これまでの定訳は、

健康とは、完全な肉体的、精神的及び社会的福祉の状態であり、単に疾病又は病弱の存在しないことではない。

だった。

肉体的にも精神的にも社会的にもすべてが満たされた状態。そんな状態があるのだろうか。「調子悪くてあたりまえ」というのは近田春夫とビブラトーンズの曲のタイトルである。名言だ。もっとも、歌詞の内容は、どんな高級料理店だって食器を洗っているバイトは、他人が使うものなんかていねいに洗うつもりがないんだから安心できないぜ……というものだけど。

わたしは、じぶんが病弱だと思ったことはない。ただ、いつもどこかしら調子の悪いところがある。ＷＨＯのいう「すべてが満たされた状態」なるものを経験したことがない。わたしにとっては「何かしら満たされていない状態」が常態なのである。

では、わたしは不健康であり、病気なのか。

調子よくはないが、深刻な病気を抱えているわけではない。「調子、イマイチ」という表現がぴったりくる。思い返すと、子供のころから胃腸が弱かった。三〇代のとき、医者に潰瘍性大腸炎だといわれた。これは厚生労働省により特定疾患に指定されている難病で、ほんとうならけっこう深刻なのだが、日常的に薬を飲んでしのいできた。ところが五〇代になって別のクリニックで検査を受けると潰瘍性大腸炎ではないといわれた。では過敏性腸症候群なのかというと、それにもあてはまらないようだ。とりあえず調子の悪いときは潰瘍性大腸炎やクローン病に処方される薬を服用している。

潰瘍性大腸炎だと診断した医者は、「この病気は治らない。治ったと思っても、それは一時的に安定（寛解）しているだけで、また悪くなるときもあると思うように」といった。それを聞いて、うまいことというなぁと感心した。何ごともそうではないか。いいときもあれば悪いときもある。いいときというのは、たまたま悪くはない状態が続いているだけで、また悪いときがやってくる。調子悪いのが常態だと思えばよろしい。

若いころに比べると胃腸の調子はずいぶんよくなった。ふりかえると、一〇代後半から二〇代のころが最悪だった。当時に比べて胃腸の調子はよくなったが、それは調子のいい日が増えたということで、常に調子がいいわけではない。調子のいい日が続くと、調子の悪い日がやってくる。わたしにとって調子のいい日は調子の悪い日の前兆のようなもので、調子がいいからといって喜んではいられない。

胃腸に自信がないと、何ごとにも消極的になる。外出もしたくない。はじめて行くところでは、トイレの場所を確認するのが最初の作業だ。食べ物に不安があり、なおかつトイレを探すのに苦労しそうな海外旅行なんて問題外である。もしも胃腸が丈夫だったら、違う人生を歩んでいただろうと思う。旅にもどんどん行けただろうし、世界中のいろんなものを見ることができただろう。性格だってもっと明るくなったに違いない。

だが、「調子悪くてあたりまえ」は、誰にでもあてはまる言葉ではないか。まわりを見ても、WHO憲章がいうような、「すべてが満たされた状態」にある人なんて見たことがない。みんなどこかに病気を抱えている。肉体的な病気だけでなく、精神的な不調も抱えている。

もっとも、WHOの「すべてが満たされた」には別の解釈が可能かもしれない。肉体的にも精神的にも社会的にもまったく問題がない状態ではなく、「それなりにうまくいっている感じ」と考えればどうか。「絶好調」ではなく、近田春夫がいうように「調子悪くてあたりまえ」と思えば、「どこかちょっと調子悪いのが健康である」という逆説的な主張も可能ではないか。仮に肉体的にも精神的にも社会的にも完璧な状態、いわゆる「絶好調」を一〇〇、最悪の状態を〇とするなら、だいたい八〇から三〇までのあいだに入れば、そこそこ健康といえるのではないか。なにがなんでも一〇〇じゃないと、と切望するのは、かえって不健康な気もする。

1　ソンタグと考える

スーザン・ソンタグの『新装版　隠喩としての病い　エイズとその隠喩』（みすず書房）は、病気が隠喩としてどのように使われてきたのかについての記号論的研究である。もとは『隠喩としての病い』と『エイズとその隠喩』という、別の時期に発表された二冊の本だった。合本して新版となったが、原著が出たアメリカでも合本になっているという。

『隠喩としての病い』は、おもに結核とガンが扱われている。原著が出たのは一九七八年で、ソンタグはその三年前に乳ガンを患っている。富山太佳夫の訳者解説によると、医者からは二年後の生存率が一〇％といわれたらしい。

ガンは不治の病いというイメージのある病気だ。かつてガンの宣告は死の宣告に等しかった。ショックを受けたり気落ちしたりするからという理由で、当人には告知しないことが多かった。積極的に告知するようになったのはわりと最近ではないか。

ガンになった部位や進行状態にもよるが、切除や放射線療法、抗ガン剤治療などによって、治るケースも多くなってきた。二一世紀になると、ガンはもう必ずしも不治の病いではない。四二歳のとき二年後の生存率一〇％と医者に告げられたソンタグは、結局、七一歳まで生き延びた。だがそれは健康な「絶好調」の日々ではなく、息子のデイヴィッド・リーフによる『こころは体につられて』によると、乳ガン・子宮ガンとつきあいながらのなかなかきびしい人生だったらしい。

ガンはめずらしい病気ではない。統計によると日本人の死因の一位はガン（悪性新生物）で約三〇％。二位が心疾患（約一六％）、三位が脳血管疾患（約一〇％）である。

たいていの人の身のまわりにはガンになった人やガンで死んだ人がたくさんいる。わたしの場合、母、母の妹（叔母）、父方の伯父が二人、そして父方の祖父がガンで死んだ。妻の父、兄、妻の母方の叔父もガンだった。こうして数えると統計による死因の三割よりも多いような気がするが、八人いた父のきょうだいのうちガンで死んだのは二人だから、ほぼ統計のとおりか。

人はいつか死ぬ。ガンにならなくても必ずほかの原因で死ぬ。また、最近はガンはいちばんいい死に方だという人も増えた。死ぬまでにある程度の時間があるので、心構えをふくめさまざまな準備ができるからだ。実際、大腸ガンの発見から余命宣告どおり一年で死んだ母を見ていてもそう思う。それにもかかわらず、人はガンを宣告されると嘆き悲しむ。よく考えるとおかしなことだ。なぜなら、ガンで死ぬ前に事故や災害で死ぬかもしれないのだから。心疾患や脳血管疾患で死ぬ可能性だってあるのだから。しかし、ガンには他の病気とは違う、特別なイメージがある。

仰々しくも隠喩に飾りたてられた病気が二つある——結核と癌と。

（『新装版　隠喩としての病い　エイズとその隠喩』富山太佳夫訳、みすず書房、7頁）

とソンタグはいう。のっけから少し意地悪なトーンだ。もっとも、先に触れたように、この本を出す三年前にソンタグは乳ガンの宣告を受けた。二年後の生存率一割といわれたとのことだから、奇跡のサバイバーによる敵（ガン）への皮肉であり、生き延びた自分自身へのからかいの気分もあるのかもしれない。

今日、ノックもせずに入り込んでくる病気といえば癌であって、ひそかに侵入する非情の病気ということになっている。

（7頁）

ガンは偶然性の病気だ。他の病気の多くは因果関係や避ける方法がある程度わかっている。たとえば心臓や脳の血管疾患の多くは生活習慣に原因がある。食べ物に気をつけ、適度な運動をすることなどによってリスクを減らせる。ガンの場合も、喫煙や飲酒、食習慣など、避けたほうがよいものはあるが、他の病気ほど因果関係は明確になっていない。気をつけていても、ガンになるときはなる。タバコを吸わないのに肺ガンになる人もいるように。その意味では不条理な病気だ。

『Ryuichi Sakamoto：CODA』（スティーブン・ノムラ・シブル監督、2017年）は坂本龍一がアルバム『async』を制作する過程を記録したドキュメント映画だが、その撮影中に彼の喉頭ガンが見つかる。映画のなかで坂本は「まさか自分が（ガンになるなんて）と思った」「まったく予想もしなかった」と話している。だが冷静に考えると、自分だけはガンにならないと思うほうが不思議だ。誰でも（もちろんわたしも）ガンになる可能性がある。それにもかかわらず、人はガンになると「なんで自分が」と思う。なぜか自分がガンになるとは思っていない。

西洋の思想は偶然性を嫌う。すべては神がつくり、神が采配しているのだから、あらゆるものにはその理由があるはずだ、と考える。その「理由」を探してきたのが、西洋哲学の歴史だったともいえる。

ソンタグがこの本を書いた時点（一九七〇年代の後半）では、日本だけでなくフランスやイタリアでもガンを患者当人に告知しないのが原則だったという。それは告知によるショックという現実的な側面だけでなく、ガンのもつ忌まわしいイメージ、神話によるところも大きい（それも患者が受けるショックにつながるわけだが）。

ガンのイメージとはなにか。

結核もかつては不治の病いだった。「結核とガンの隠喩的使用の歴史はおおむね重なっている」とソンタグは『オックスフォード英語辞典』をもとに述べる。この辞書は語義・語釈の変遷を用例を挙げて歴史順に記載している。それを検討したうえで、ソンタグは「古代後期からごく最近に到るまで、結核とは——類型学的には——ガンであったわけである」という。なぜそんなことをわざわざいうのか。それは「ごく最近に到」って、結核はガンと違うイメージを帯びるようになったからだ。ソンタグによると、ガンと結核はほとんど正反対の受け止められ方をするようになるのである。

ごくごく単純化していうと、結核はけっこういいイメージで、ガンはあんまりよくないイメージなのである。プラスとマイナス。どちらも不治の病い（結核のほうは過去形だろうが）にもかかわらず、結核はプラスでガンはマイナスなのである。なんだか身も蓋もない気がするが、ソンタグ自身が乳ガンになった後で書いていることであり、その後、彼女は三〇年もガンとつきあうのだから、ここは黙って話を聞こう。

結核の方は肺という器官だけの病気、癌はどの器官にでも現われ、体の全体に関わる病気とされるのである。（16頁）

結核は目に見える兆候が多い。体力減退、咳、気怠さ、熱。真っ白なハンカチへの真っ赤な喀血。つまりビジュアルでドラマチックでロマンチックなのだ。

ソンタグは『魔の山』をはじめ、結核が登場する多くの文学作品を列挙する。

結核が登場するのは西洋文学だけではない。日本の近代文学でも結核文学、サナトリウム文学と呼ぶべき一群がある。

もっとも、ソンタグは「幸福感、食欲増進、性欲増大などは結核の特徴とひと頃は考えられていたものだが、これは今でも変わらない」「結核は人を性欲過剰にし、異常なまでの性的魅力を付与する」と書いていて、これには驚く。だが落ちついて考えてみると、結核で弱った人、少しずつ死に近づいていく姿が、ある人には性的魅力と映り、見る者の性欲を過剰にすると解釈すれば納得できる。

たとえば宮崎アニメの題材にもなった堀辰雄の『風立ちぬ』にしても、ヒロインにはエロティックなところがある。

結核は崩壊であり、発熱であり、肉体の軟化である。
癌は退化である。肉体の組織は変質して、石となる。（19頁）

結核は時間の病気である。結核は生をせきたて、際立たせ、霊化する。
癌はゆっくりと陰険に働く。（20頁）

結核は貧困と零落ゆえの——乏しい衣料、痩せた体、暖房のない部屋、ひどい衛生設備、

栄養不足の食物などが原因の——病気とされることが多い。（21頁）

癌は中流生活のうむ病気で、豊かさや過剰と結びつく病気である。（21頁）

結核患者は環境を変えることで病状が好転する——いや、治るとされる。

癌との闘いは終始自分の体の内部で行なわれるとされる。（22頁）

結核は比較的に苦痛が少ないとされている。

癌には七転八倒の苦しみがつきものとされる。（23頁）

なるほどこうして並べ、対比してみると、結核とガンは対照的な病気だ。もちろんソンタグもいうように、それらはあくまでイメージであり神話であって、現実の結核やガンの症状や原因をあらわしているわけではない。

ガンのなかにも例外的に結核並にロマンチックなイメージを持たれるものがある。血液のガン、白血病だ。ソンタグはエリック・シーガルの小説『ある愛の詩』を挙げている。アーサー・ヒラー監督によって映画化もされたこの小説では、ヒロインが白血病で死ぬ。大ヒットした映画で、テーマソングもラジオなどでよく流れた。

「これは「白い」、結核に似た病気で、胃癌や乳癌の場合とは違って、外科的な切除は考えられない」とソンタグは書いている。

隠喩的な意味では、肺の病気とは魂の病気である。あたり構わず攻撃をしかけてくる癌は、肉体の病気だ。（26頁）

映画にもなった片山恭一の小説『世界の中心で、愛をさけぶ』のヒロインも白血病で死んだ。白血病ではなく、胃ガンや大腸ガンでは小説にならなかっただろうか。そんなことはないだろう。だが作者は白血病を選んだ。白血病が小説にふさわしいと考えた。胃ガンや大腸ガンでも小説になったかもしれないが、あそこまでの大ベストセラーにはならなかっただろう。映画化もむずかしかったかもしれない。

小説における死の扱いは（あるいは病気の扱いは）難しい。なぜ作者は登場人物を殺さなければいけないのか。なぜほかならぬその病名でなければいけないのか。美少女が必ず白血病で死ぬわけではないし、白血病による死も美しく甘美なものではない。現実世界では女優の夏目雅子も本田美奈子も白血病で死んだが、もちろん男性でも老人でも白血病で死ぬことはある。

結核は不治の病としては、ほとんど過去のものになった。現代を舞台にした小説に登場することもほとんどなくなった。

ガンはあいかわらず不治の病いの象徴であり続けているが、治療法は各段の進歩を遂げた。罹患する部位やその特性にもよるが、早期に発見して適切な治療をすれば治ることも多くなった。そしてさらに近年、遺伝子解析によるリスク回避という新たな選択が生まれた。遺伝子を解析してみてガンになる可能性が高いとわかれば、ガンになるまえにその部位を切除してしまおうというのだ。二〇一三年、ハリウッド女優のアンジェリーナ・ジョリーが、ニューヨーク・タイムズ紙上でこの予防的切除手術を受けた経緯を明らかにした。

彼女がオピニオン欄に寄稿したエッセイによると、乳ガンになる確率が八七%、卵巣ガンになる可能性が五〇%ということだった。彼女の母親は乳ガンを一〇年患ったあと五六歳で亡くなっている。彼女の祖母と叔母も乳ガンで亡くなっている。そこで、アンジェリーナ・ジョリー自身はまだガンになっていないが、予防的に乳腺を切除したということだった。

ガンを取り除く手術を受けるのと、ガンにならないうちにガンになるかもしれない部分を切除してしまうのとでは、大きな隔たりがあるように思える。ガンに罹った場合、とりうる手段はいくつかある。切除、放射線療法、抗ガン剤、そしてなにもせず放置すること。ガンを発見した時期や部位などで対処法は異なる。措置によってガンを克服できる場合もあれば、転移や再発によって死に至ることもある。

アンジェリーナ・ジョリーはガンになる前に乳腺を切除した。八七％という確率は高いように感じるが、逆にいえばガンにならない確率も一三％ということだろう。こうしたパーセンテージであらわされるリスク率をどう考え、どう受け取るべきだろうか。仮にある時点での罹患率が一三％であっても、のちにガンになってしまった人にとっては、一〇〇％と同じだ。また罹患率八七％でも、かからないまま天寿を全うすれば〇％と同じである。生と死は〇か一〇〇であり、半分死んで半分生きているということはない。天気予報の降水確率と同じだ。予想される気象状態について、過去の同じような気象状態のときに雨が降った割合が降水確率である。降水確率一〇〇％が土砂降りで、三〇％が小降りということではない。

そもそも、アンジェリーナ・ジョリーが選択した予防的切除という手段そのものにもリスクがある。身体にメスを入れるのだから当然だ。麻酔も使うだろう。また、その切除によってなんらかの病気を引き起こすこともあるだろう。予防的切除を行ったために死ぬことだってあり得るのだ。

さらにいうなら、予防的切除によって乳ガンになる確率は〇％になったかもしれないが、乳ガンにならなくてもいつか必ず彼女は死ぬ。身体のほかの場所のガンで死ぬか、循環器系の病気で死ぬか、交通事故で死ぬか、あるいは老衰で死ぬか、どんなかたちで死ぬかはわからないが、いつか死ぬことは確実だ。だから予防的切除といっても、永遠の生命を手に入れたわけではなく、少しばかり死を先延ばしにしただけかもしれない（いや、結果的に死を早めた可能性だってある）。

二〇一五年、アンジェリーナ・ジョリーはふたたびニューヨーク・タイムズに寄稿する。こんどは卵管と卵巣を切除したことを公表するエッセイだ。定期検診を受けると炎症マーカーが上昇していて、医者の所見ではガンの可能性があるという。医者のすすめに従って手術を受けた。切除した組織に腫瘍はあったが、ガンにはなっていなかったという。

人類は、結核については、ほぼ克服することができた。もっとも、完全に撲滅したわけではない。抗生物質をはじめあらゆる薬物に耐性を持つ菌ができて人類に襲いかかる可能性だって皆無ではない。とはいえスーザン・ソンタグのいう隠喩としての結核は、もう文学的な役割を終えた。しかし、ガンはまだ現役だ。たしかに結核ほどのロマンチックなイメージはないかもしれないけれども、乳ガンにしても子宮ガンにしても肺ガンにしても、その悲劇性は保ちつづけている。

結核の神話にしても、今日の癌の神話にしても、病気の責任は当の本人に押しつける。ところが、癌にまつわるイメージの方が懲罰的な色彩がはるかに濃い。（72頁）

とソンタグはいう。

ガンの原因とされるものはいろいろある。タバコはその代表的なものだが、焦げた動物性タンパク、紫外線、アルコールなどさまざまなものがガンの原因だとされる。ストレスもそうだ。これは裏返すと、ガンになるのは当人のせいだというわけである。日ごろの健康管理ができていないからガンになるのだ、と。自己責任である。

栄養バランスのよい食事に気をつける、睡眠をとる、運動をする、タバコを吸わず酒もほどほどに。こうした自分自身による身体のコントロール、健康状態のコントロール、リスク回避の思想が行き着くところは、アンジェリーナ・ジョリーの予防的切除である。遺伝子情報を解析して、ガンを抑制する遺伝子の変異を見つけ出し、そのガンになりそうな部位をあらかじめ切除してしまう。そうすればガンのリスクは避けられる。アンジェリーナ・ジョリーが乳腺を切除したときは困惑と非難の声が大きいとわたしは感じたが、しかし、やがて遺伝子診断と予防的切除をしない人のほうが非難される時代がくるかもしれない。「あなたが遺伝子診断をしないおかげで、どれだけの医療費がかかり、社会保障予算がかかると思っているのか」という声すらあがりそうだ。

病いについての議論を考える上で、現代の特徴のひとつは、それが個人のリスクではなく社会のリスク、それも金銭的な損失としてとらえられるようになったことだろう。健康は自己責任、病気になるのは自業自得、個人の自由だなどといっていられない。「おまえが病気になるせいで、オレがよけいに税金や保険料を払わなければならなくなる」と罵声を浴びせられそうだ。おちおち風邪もひいていられない時代なのである。

糖尿病や高血圧、高脂血症などは、かつて「成人病」と呼ばれた。それが二〇世紀の終わりごろから「生活習慣病」と呼ばれるようになった。食事のかたよりや運動不足など生活習慣が遠因となって引き起こされる疾病というわけである。さらには二〇〇二年、健康増進法が施行され、健康維持は国民の義務になった。不健康な者は非国民なのだろうか。

成人病を生活習慣病という呼称に改めるよう提唱した日野原重明に悪意があったとはわたしも思わない。成人病は悪い生活習慣によって引き起こされる。若いうちから生活習慣に気を配れば成人病になるリスクを避けられ、よりよい人生を送ることができる。おそらく日野原はそう考えたに違いない。

だがそれは、同時に、糖尿病や高血圧症、高脂血症などになる人間は、自分の生活習慣もコントロールできない者だという断定にもつながりやすい。フリーアナウンサーが自業自得で糖尿病になる者には健康保険を適用するな、治療にカネを払えないなら死ねばいい、という趣旨の文章をブログに書き込んで批判を浴びた。彼は出演していたすべての番組を降ろされた。だが、糖尿病は生活習慣をコントロールしなかったことによって起きる、それによる社会的損失は大きく、生活習慣をコントロールして糖尿病にならないよう気をつけている者が負担することになる、という思考が、彼のような発言につながるのは当然のなりゆきである。それとナチスの優生思想との距たりは、案外小さいのではないか。

アメリカでは肥満していると生活習慣を自分で制御できない者と見なされて就職等が難しくなると聞いたことがある。その根底には、食欲をはじめさまざまな欲望をコントロールし、自分の身体を管理する者が理想的だという人間観があるだろう。ソンタグもいうように、病気は自分を管理できなかった者への罰なのだ。その根底にはプロテスタンティズムがあるのかもしれない。

いまのところ、「遺伝子検査と予防的切除をしなかったからガンになったのだ」と非難を浴びることはないが、たとえば肺ガンになれば「タバコをやめなかったからだ」といわれるし、皮膚ガンになれば「日焼け止めを塗らなかったからだ」といわれるだろう。

風邪をひいて熱を出せば「寒いのにTシャツ一枚で歩いているからだ」といわれ、下痢をすれば「食べ過ぎたからだ」といわれ、二日酔いになれば「酒を飲み過ぎたからだ」といわれる。風邪や二日酔いと肺ガンや胃ガンとの本質的な違いはなんだろう。

結核とガンに続いて、スーザン・ソンタグが現代の隠喩としての病いであると考えるのはエイズである。「エイズとその隠喩」のエピグラフには「『隠喩としての病い』を読み直して、考えたこと」とある。先にも述べたように、日本では一冊の本になっているが、『隠喩としての病い』と『エイズとその隠喩』はもともとは別の本である。

隠喩という言葉を使ったときに念頭にあったのは、私の知っている最も古い、最も簡潔な定義であった。つまり、アリストテレスが『詩学』のなかで述べているものである。「隠喩（メタファ）とは、あるものに、他の何かに属する名前をつけることである」（一四五七b）。あるものをそれとは違う何かだ、それとは違う何かに似ていると言うのは、哲学や詩とともに古い精神の働きであり、科学的な理解も含めて、たいていの理解行為と表現の産卵場である。

（135頁）

このようにソンタグはエイズについて語り始める。

「かつては病気に闘いを挑んだのは医者であったが、今では社会全体である」とソンタグはいう。

成人病が生活習慣病となり、健康の維持が国民の義務になったのはそういうことだ。ときとして軍事的隠喩が濫用されるとソンタグは指摘する。

軍事的な隠喩は或る種の病気にスティグマを押しつけ、さらにすすんで、病気の人にもスティグマを押しつける。私に『隠喩としての病い』を書かせたのは、癌にかかった人々がスティグマを押しつけられるという発見であった。

（145頁）

だがガンをめぐる言説はずいぶん変わった。昔ほど宿命的な不治の病いとしてとらえられなくなった。運がよければガンは治る。結核、ガンに続いてスティグマとなりうるような病いは何か。かくして新しい隠喩として登場したのがエイズである。この本は一九八九年にまとめられているので、エイズをめぐる状況もこれまた現在とはずいぶん違う。そこに注意しながら読まなければならない。

ソンタグは次のように述べる。

まだ十分に正体の分らない、きわめて治療しにくい病気については大体言えることであるが、こうした恐ろしい新種の病気——少なくとも、その疫病性ということでは新しい病気——の到来は、病気の隠喩化に大きなチャンスを与える。（153頁）

たしかにエイズは隠喩として便利な性格をもっていた。日本でも当初、男性同性愛者が罹る病気、アブノーマルな性行為によって感染する病気であるかのように喧伝された。たとえばロバート・メイプルソープの写真なども それに一役買ったかもしれない。しかしこのイメージは、のちに薬害エイズ事件などを経て少しずつ変わっていく（まだ偏見と差別は根強く残っているが）。

結核やガンでも多くの著名人が死んでいるが、エイズで死んだ文化人も多い。クイーンのフレディ・マーキュリー、オペラ出身のパンク歌手クラウス・ノミ、俳優のロック・ハドソンやアンソニー・パーキンス、画家のキース・ヘリング、作家のアイザック・アシモフ、写真家のメイプルソープ、そして哲学者のミシェル・フーコー。このなかには輸血によって感染したアシモフのような例もあるが、フーコーのように同性愛者であることを隠さなかった人も多い。二〇世紀末は日本でもオウム真理教事件が象徴するように世紀末的気分が蔓延していた。エイズはそのような時代の病い、時代の隠喩として受け取られた。

自己の管理、身体と欲望の管理という点でも、（薬害や輸血によるものではない）エイズ感染は象徴的だった。欲望をコントロールできないから、タブーを冒したから、エイズに罹ったのだ、という論法だ。そう主張する人びとにとって、エイズは罰である。しかし、ならば誰からの罰なのか。社会からか、神からか。

ソンタグの考察から明らかなのは、結核であれガンであれエイズであれ、病いはときとして道徳と結びつけて語られ、患者は非難の対象となるということだ。神の意志に逆らい、社会の慣習に逆らい、自己への配慮を怠った者は、その代償を支払わなければならない。それが病気だというのだ。だがそんな理不尽で不当なことがあるものか。病人は生贄の山羊である。

ヒトゲノム計画や遺伝子解析の成果により、人は誰もが遺伝子の異変を抱えていることが明らかになった。その異変によって遺伝子が暴走し、疾病に至るかどうかは運次第だ。たとえば結婚によって、あるいは環境の変化によって。どんなに健康管理に努めても病気になることはあるし、まったく無頓着でも病気にならないことがある。

最近、友人が脳の検査を受けたら、脳梗塞の痕跡が見つかった。症状が軽かったので自分でも気がつかなかったようだ。気がつかないうちに治っていた。これなども脳梗塞が起きているときに何かほかの理由で検査をして見つかったのなら、脳梗塞という病名がついただろう。気がつかなければ人は病気ではない。「健康とは病気に気がついていない状態である」とはいえないか？

2　フーコーと考える

健康とは病気に気がついていない状態である。病気である状態が健康である状態から分節化されない限り病気であるとは認知されない。たとえば花粉症。

わたしにはじめて花粉症の症状が出たのは九歳のときだった。一九六七年の春である。当時はまだ花粉症という名称がなかったし、花粉によってアレルギーが起きるということも一般の人はほとんど知らなかった。わたし自身も親も、最初は風邪をひいたのだと思っていた。ひっきりなしに鼻をかむので、くずかごはちり紙でいっぱいになった（当時、ティッシュペーパーはなかったか、あったとしてもごく一部の人しか知らなかった）。目が痒くて、涙が止まらず、タオルを顔に当てて寝ていた。やがて夏になると治った。秋にすこしぶり返したが、冬になる前に治った。

それが花粉アレルギーだとわかったのは翌年、一〇歳のときだった。叔母（母の妹）がまったく同じ症状で総合病院の耳鼻科に行くと、花粉によるアレルギーで鼻炎と結膜炎が起きているると診断されたからだ。わたしも同じ病院に行き、同じ診断だった。花粉でアレルギーになることを初めて知った。週に一度、病院に通うようになった。中学生になってからは、アレルギーの原因となる物質を希釈して皮内注射する減感作療法を受け、高校を卒業するまで通院と治療が続いた。その後は花粉症の季節になると抗ヒスタミン剤を飲んでしのぐようになった。現在は一月の下旬から抗アレルギー薬を飲み始め、花粉が飛び始めると点鼻薬と点眼薬で対処し、ひどいときだけ抗ヒスタミン薬を飲んでいる。ここ数年は症状が軽くなった。ついでにいうと、母方は花粉症が多く、叔父（母の弟）も従兄弟（叔母の息子）も花粉症だ。

花粉に対するアレルギーなのだと知って、わたしはじぶんなりにいろいろ調べた。欧米では枯草熱（フェイフィーバー）としてよく知られていること、免疫のメカニズム、喘息も同じ原理で起きることなど。吉行淳之介のエッセイで、彼が喘息であることや、欧米では花粉カレンダーが市販されていることも知った。

医者からはなるべくアレルギーの原因となるものに近づかないようにといわれていた。症状が始まるとマスクをして、戸外にはできるだけ出ないようにしていた。遠足も運動会も、小学校四年生からは参加していない。だが周囲はなかなか理解してくれなかった。とくに小学校や中学校の教師たちは。

小学校の担任は、わたしの前に緑色の板を置き、見つめ続けるようにいった。じっと見ていると、そのうち涙がにじんできた。まばたきもせずに見つめているのだから当然だ。しかし担任の教師は、「君は緑色に反応するんだな。これからはなるべく緑色を見ないようにしなさい」といった。アレルギーを心理的なものだと思い込んだらしい。

わたしが一八歳まで住んでいたのは北海道で、「北海道は空気がきれいなはずだ。きれいな空気でアレルギーが起きるはずがない」と言い張る教師もいた。四日市喘息など大気汚染による公害病と混同していたのだろう。中学校の体育教師は「そんなものは、草むらの中に放り込んで、一日中走り回らせれば治るはずだ」といった。もちろん従わなかったが。彼は、病気になるのは甘えであり、根性をたたき直せば病気も治る、という信念の持ち主だった。わたしの体育教師に対する不信感、さらにはスポーツ一般への嫌悪感は、このへんに根があるのかもしれない。

いまこんな人はいない。花粉症が緑色に対する心理的反応だと考えたり、アレルゲンにどっぷり漬かるよう指示する人はいない。花粉症は国民病とまでいわれるようになった。

ながながと自分の花粉症について書いたのは、これが病いというものの特性をあらわしているように思えたからだ。

ミシェル・フーコーは『臨床医学の誕生』の序文を次のような言葉でしめくくる。

> 人間の思考のなかで重要なのは、彼らが考えたことよりも、むしろ彼らによって考えられなかったことのほうなのである。このノン・パンセは、初めから人間のもろもろの思考を体系化し、それ以後はこれを際限もなく言語であげつらいうるものとなし、さらにこれについて考える、という任務にむかって限りなく開かれたものにするのである。

（『臨床医学の誕生』神谷美恵子訳、みすず書房、25頁）

わたしの花粉症と小中学校の教師たち（一九七〇年前後の北海道における、という但し書きが必要かもしれない）の反応でいえば、彼らにとって免疫やアレルギーのメカニズムは「考えられなかったこと」に分類されるだろう。くしゃみや鼻水、目のかゆみといった身体の反応を前に、細胞レベルでどのようなことが起きているのか、彼らは考えられなかった。わたしが、これはアレルギー反応というもので、空中に浮遊している花粉が鼻や目の粘膜につくことで起きるのだ、と説明しても彼らは理解しなかった。理解できなかったのではなく、理解しようとしなかったのだろう。理解しないかわりに、彼らの手持ちの考え方にあてはめようとした。それが「緑色に対する心理的な反応である」という解釈だったり、大気汚染による公害病との混同だったり、「甘えなのだから、根性をたたき直せば病気も治るはず」という精神論だったりしたのだ。

免疫とアレルギー反応のしくみがわかれば、対処方法も見えてくる。アレルゲン物質を避けるか、アレルゲンに接しても反応しないようにするか。たいていの花粉症患者はこの両方を組み合わせてしのいでいる。花粉が飛ぶ季節は、できるだけ野外に出るのを避け、どうしても出なければならないときはマスク・帽子・メガネで防御すると同時に、抗アレルギー薬や抗ヒスタミン薬で反応を抑える。

わたしの個人的な感覚でいえば、一九九〇年代なかばぐらいから当事者以外にも理解が広がったように思う。花粉症用のマスクをしていても奇異な目で見られなくなったし、「まだ風邪が治らないの」といわれることもなくなった。「考えられなかったこと」が考えられるようになったのである。

フーコーが『臨床医学の誕生』で描くのは、一八世紀末のフランスで病いと医学についての認識が一変していく様子である。一八世紀末、つまりフランス革命を機に、医学や医療についての制度が変わり、専門家や人びとの考え方も変わっていったというのである。彼が『言葉と物』で展開したことの医療版だ。

『言葉と物』もそうだが、フーコーの本は序文のエピソードが魅力的だ。『臨床医学の誕生』でフーコーが紹介するのは、一八世紀なかばに医師ポンムが書いたヒステリー患者治療の経緯と、一九世紀に医師ベールが記録した慢性脳膜炎に冒された患者の脳の描写である。ポンムは患者を治療するために患者を一〇か月間、毎日一〇時間から一二時間入浴させた。すると「水びたしにした羊皮紙の断片のような、粘膜のきれはしが……軽い痛みをともなって剝離し、毎日、尿とともに排泄された。次には右側輪尿管がはがれおち、同じ道を通って、そっくりそのまま出てきた」「腸管の内膜もべつな時期に離れ、肛門から出てくるのをわれわれは見た。食道、気管、及び舌も次々とはがれ、嘔吐または去痰によって、さまざまな部分が排出された」のだという。

おいおい、これはとんでもないことだよ、粘膜が尿とともに排出されたり、腸管が肛門から出てきたり、食道や気管が口から出てきたりしたら死んじゃうよ、と現代のわたしたちなら思う。たびたび自分の病気について言及するのは申し訳ないが、一時期潰瘍性大腸炎といわれたわたしは、いまでも医師に定期チェックを受ける際、便に粘膜が混じることはないかと問われる。粘膜の剥離は重要な症状のひとつだ。ポンムは見えないものを見て、それにもとづいてものごとを解釈した。あるいは、考えられることだけを考え、それに合わせてものを見た。

しかしそれから一〇〇年足らずあとの医師ベームが観察した脳膜炎患者の脳の様子は「これらの偽膜の外表面は、硬脳膜のくも膜に接し、これに付着している」「たとえば、薄い偽膜は義膜性で、卵白の蛋白をふくんだ薄皮に似ており、はっきりした固有の構造を持っていない」というふうに、現代の解剖学とさほど変わらない。一〇〇年のあいだに、考えられることが変わり、見えるものも変わったのだ。わたしたちはものを見るとき、目だけで見ているのではない、「考え」によって見ている。

一〇〇年もの時間の隔たりがあればあたりまえだろう。なにしろ「花粉症」という言葉が定着する前は、「緑色に対する心理的な反応だ」「甘えなのだから根性をたたき直せば治る」と教師が生徒にいっていたのだから。いま、たとえば「そば」などの食物アレルギーを持つ児童・生徒に、教師が精神論を振りかざし、「好き嫌いは許さん。そばをたくさん食べればそばアレルギーなんて治ってしまう」と食べることを強要して、児童・生徒がアナフィラキシーショックを起こせば、教師は非難を浴びるだけでなく刑事罰もありえるだろう。

医学はもっとも原始的な科学だともいわれる。対象とする人体はヒポクラテスの昔から変わらない。しかし対象は変わらなくても、対象の見方と見え方は変わる。古代の医学がそのまま直線的に進化して現代医学になったわけではない。古代から現代までのあいだには、エピステーメーの大きな転換が何度もある。

一八世紀の医学的伝統においては、病気は症状《サンプトーム》や徴候《シーニュ》によって、観察者に自らを呈示する。その意味論的価値の上から言っても、その形態の上から言っても、この二つは異っている。症状が王者の地位を占めるのは、それが病気のあらわれる形であるからである。可視的なすべてのものの中で、症状は本質的なものに最も近い。そして、病気というものの、到達不可能な本性を、まず最初に写し出すのも症状である。（159頁）

花粉症は病いなのだろうか。くしゃみ、鼻水、鼻づまりといった症状は、風邪と共通している。目のかゆみや充血は結膜炎と同じだ。だが発熱や頭痛などの症状はあまりない（ひどいときは頭痛がすることもあったけれども）。

徴候《シーニュ》が示すのは次のものである。予後、すなわちこれから起ること。既往歴、すなわちすでに起こったこと。診断、すなわち現在起っていること。徴候《シーニュ》から疾患に至るまでには長い距離があるが、徴候《シーニュ》はこの間《かん》に、こっそりと、そしてしばしば不意にあらわれるから、この距離を強調せずには通過することはない。徴候《シーニュ》は認識を与えはしない。せいぜい、それを出発点として、あることを識別する、おおまかな手がかりを与えるだけである。この識別は手さぐりで、隠れたものの次元の中で前進して行く。

（160頁）

風邪や結膜炎は、身体に侵入しようとするウィルスなど外敵を、くしゃみや鼻水、涙などによって排出しようとしている、と解釈できる。身体に悪さをしようとするものを出す。下痢や嘔吐といった反応と同じだ。身体に悪さをしようとするものに対する反応は病いの一種である、といいかえることもできるだろう（ただし、病いのすべてではない）。

花粉症は、本来なら身体に悪さをすることのない植物の花粉に対して、悪さをするものだと身体が誤解して、悪さをするウィルスなどと同じように対処してしまう症状だ。鼻水や目のかゆみはつらいが、それで死ぬわけではない。風邪はこじらせると肺炎になったり、ほかの病気を引き起こして死に至ることもある。インフルエンザのように。風邪と花粉症は、症状は共通するところが多くても、根本的に違うものだ。

生命にかかわらないけれども、すごく不快な病気はたくさんある。怪我などもそうだ。わたしがよくやるぎっくり腰なんかも。

一方で、身体の表面にはあらわれないし、当人も自覚がないけれども、病気だということもある。病気だと気づかない人は病気なのか。わたしの母は、腹の調子が悪いので病院に行くと、大腸ガンのステージⅣで、すでに手術をしても治る見込がない段階だった。大腸ガンだとわかる前の母は、病気だと気づかなかった人である。

「花粉症」という概念ができる前も、花粉症を発症する人はいたはずだ。「ひどい風邪みたいだけど熱も出なくて夏になったら治ってしまう毎年かかる病気」みたいに思われていたかもしれない。季節との相関関係はわかっていたけれども、花粉との因果関係まではわからなかっただろう。あるいは、熱が出たり頭痛がしたりしないから、「なんか調子がいまひとつよくない状態だけど、病気ではない」と思われていたかもしれない。花粉との因果関係が解明され、「花粉症」という概念ができて、「体調の悪さ一般」から分節化されて「花粉症」の輪郭がはっきりした。アレルギーというジャンルに入ることがわかり、それは喘息や食物アレルギーやアレルギー性の皮膚炎と同じグループに入ることもわかった。

わたしは生クリームとある種のチーズを食べると下痢をする。おそらくアレルギー反応なのだろう。ところが血液検査をしても乳製品にはアレルギー反応が出ないのだ。しかし、たとえば生クリームが含まれていると知らずに食べて、下痢をしてから生クリームが入っていたと気づくこともあるから（いちど新幹線でアイスクリームを食べてひどい目に遭った）、たんなる気のせいではないのだろう。チーズもクリームチーズやカマンベールなど柔らかいチーズは下痢をするが、硬いチーズだと少量なら食べられる。かかりつけの医師も、検査に出ないからといってアレルギーがないとはいえないという。しかし検査結果として出ていないのに「食物アレルギーである」と胸を張っていえないようなモヤモヤした気分は残る。それはおそらく、検査の数値が健康／病気を決める、という考え方に支配されているからだろう。かといって、数値とは関係なく身体が感じる快／不快だけがすべてだ、ともいいきれない。わたしは病気なのか健康なのか。

アレルギーに限らず健康と病いの境界線はあいまいだ。日常生活に支障をきたすほどの苦痛があればそれは病いといえそうだが、たとえば肩が凝っていたり腰が痛かったりするとき、それを病いととらえるかそれとも軽い不調とするかは人それぞれだ。また糖尿病や高脂血症、高血圧など、かつては成人病と呼ばれた生活習慣病は、それだけで大きな苦痛があるわけではない。放置しておけば血管などの傷みが進んで、たとえば糖尿病が悪化すると失明や脚の切断などに至ることがある。だが、生活習慣病だからといって自覚するような苦痛があるわけではない。「○○病」と呼ばれてはいるが、これは「病い」なのだろうか、それとも前「病い」状態なのだろうか。血圧を測らなければ高血圧だとわからない。血液検査をしなければ糖尿病だとも高脂血症だともわからない。そういう状態の場合、それは「病い」なのだろうか。健康だと思っていても、検査によってなんらかの異常が発見されることがある。それは「健康」なのか、「病い」なのか。

医学が進み、検査機器が開発され、新たな疾病が発見される。医学が進むと病気になる人が増えるという奇妙なパラドクスが生じる。

精神病はそうした「病い」の典型かもしれない。

精神病の名称や概念は時代とともに変わる。ここ数十年のあいだだけでも、たとえば「精神分裂病」は「統合失調症」に呼称が変わった。「躁鬱病」は「双極性障害」になった。「ヒステリー」や「ノイローゼ」という言葉はあまり聞かれなくなった。ひところは「人格障害」や「境界例（境界性パーソナリティ障害）」という言葉が流行したが、最近は「発達障害」という言葉をよく目にする。

わたしは精神医学に何の知識も見識もない素人だが、たとえば「大手小町」など人生相談系サイトの書き込みを見ていて、「ああ、こういう人が発達障害なのだろうな」と思うことがある。自分の行動や言動について他者がどのように感じるか想像したり予想したりすることができず、その結果、トラブルとなって困惑しているような人だ。一昔前なら「変な人」「変わった人」「つきあいづらい人」などと呼ばれて、町内や学校などのコミュニティで要注意のフラッグを立てられるにすぎなかった人が、「発達障害」という言葉と概念が認知されたとたんに、そのカテゴリーに入れられ、社会から切り出される。その「切り出し」は単純な「排除」とは限らない。かつてなら「非常識だ」などと非難されていた人が、「まあ、発達障害ならしょうがない」と許容され、あるいはあきらめられ、それなりに人間関係が円滑になると同時に、「発達障害」

者は非「発達障害」者の意識の中で分断・疎外されるという面もある。『狂気の歴史』はミシェル・フーコーの仕事のなかでも初期のものに属し、原著は一九六一年に出ている。『臨床医学の誕生』の二年前、『言葉と物』の五年前の刊行である（ただし新潮社から出ている日本語訳の底本は、フランスで七二年に出た増補版）。『狂気の歴史』においてフーコーは、ヨーロッパにおける狂気観が一七世紀前半から一九世紀はじめにかけてのおよそ一五〇〇年間のあいだでどのように変わったのかを描き、考察している。ごく単純にいえば、一七世紀はじめまでは狂気に対して大らかだったのに、急に監禁の対象になり一般社会から排除されてしまう。

一七世紀以前にも狂人がいなかったわけではない。狂気は近代になって生まれたものではない。しかし近代の始まりとともに、狂気と理性のあいだに明確な線が引かれた。それは現代において、「統合失調症」や「人格障害」や「発達障害」といった概念が作られて健常者とのあいだに線が引かれるのと似ているし、「生活習慣病」という概念が作られて将来の疾病者として分節化されるのとも似ている。

中世末期になると、癩病は西洋世界から姿をけす。農村共同体の周辺や都市の城門には、いわば大きな砂浜がはじまり、そこではこの病気ははびこらなくなっているが、その病気のおかげで土地は不毛と化し、長らく無人の地となってしまった。

このようにフーコーは第一章《阿呆船》を書き起こす。
中世の初頭から十字軍時代のおわりまで、ヨーロッパ各地に癩施療院がつくられ、その数はなんと一万九〇〇〇にも達したという。一二六六年にルイ八世がフランスに癩施療院の法令をさだめたとき、二〇〇〇以上が調査登録され、パリの一司教区だけでも四三もの施療院があった。やがて患者は減り、施設は少年感化院など他のものに転用され、一七世紀初頭には施設数は減っていく。一六三五年、ランスの町の人びとは、町が癩病から解放されたことを神に感謝する行列をおこなったという。

（『狂気の歴史』田村俶訳、新潮社、21頁）

奇妙な消滅である。しかしそれはおそらく、未発達な医術の長期間の探究にもとづく影響ではなくて、例の隔離の自然発生的な結果であり、十字軍時代がおわったあと、近東諸国の伝染病流行地帯との交渉がとだえたためにおこった帰結でもある。（23頁）

癩病患者がいなくなっても、特定の人びとを社会から排除するという構造はなくならなかったことをフーコーは指摘している。

二、三世紀後にもしばしば同一の場所で、排除の現象は、奇妙にも同じ姿であらわれるようになる。貧乏人、放浪者、軽犯罪者、《気がふれたもの《テート・アリエネ》》が、癩者に見棄てられた役割をはたすであろうし、いずれわれわれは、この排除によってどんな救済が彼らに、また彼らを排除する人々にも、待ち望まれているかを検討することにしよう。まったく新しい意味をおび、しかも異質の文化のなかで、例の形式は——社会的な排除でありながらも精神的な再統合という、厳密な分割のあの主要な形式は、本質的なものとして残るようになろう。（24頁）

単純にいえば、癩病にとってかわったのが精神病である。「気違いという船荷をある都市から別の都市へ運んでいた船」＝「阿呆船」がつくられて他国者の狂人は追放され、自国内の狂人は「収容所《シャトレ》」や「狂人の塔」「囲い込み」「狂人牢獄」などの施設に収容されるようになる。中世から文芸復興期にかけてのことだ。

ところで、西洋の想像力のなかで狂人の航行が大昔からかくも多くの主題とつながっていたのに、なぜ十五世紀ごろ突如として、この主題が文学と画像《イコノグラフィー》のなかで急激に表明されるのか？　なぜ、あの〈狂人の船〉のシルエットが一挙に現われ、気違いの乗組員たちが人々のしたしみ深い風景のなかに侵入するのが見られるのか？　水と狂気とのあの古い

連関から、なぜ、ある日、しかもその日に、あの〈狂人の船〉が生れでたのか?（30頁）

このようにフーコーは問い、続けて自ら次のように答える。

その理由は、この船が、中世末期のころヨーロッパ文化の地平ににわかに起った一つの不安をそっくり象徴するからである。狂気と狂人は、威嚇と嘲笑、世界のもっている、目がくらむほどの非理性、人間のちっぽけな愚かさという多義的な姿をした、中心人物となる。（30頁）

同時期の美術や文学、哲学における狂気=痴愚の扱われ方の変化にもフーコーは注目する。古典主義時代から狂気は理性の対極にあるものとして扱われるようになる。理性は狂気を排除する。狂人は隔離される。

しかし、奇妙なことに、理性は狂気があることによって存在する。理性とは非狂気のことであり、狂気なしには存在できない。「私は狂っていない」ということによってしか、人は自分の理性を確認できない。

フーコーはいう。

狂気は、理性と相関的な形式になる。あるいはむしろ、狂気と理性は、相互にいつまでも置換しうる関係をもつにいたる。この可逆関係によって、どんな狂気も、判断し統御してもらえる理性をもち、どんな理性も、理性がそのなかに自分のわずかな真理を見出すような狂気をもつことになる。一方が他方の尺度であり、この相互的な照合の動きをつうじて、両者はともに相手を否認しあうが、相手に根拠をおいている。（46頁）

狂気は、理性の諸形態そのものの一つとなる。狂気は理性の一部になって、その秘密の力の一つ、あるいは理性のあらわれの契機の一つ、あるいは理性が自分を自覚する逆説的な形式の一つを構成する。いずれにしても、狂気は、理性の領域そのものにおいてしか、意味と価値をもたないのである。（49頁）

精神病はまだわかっていないことが多い。かつては精神分裂病と呼ばれていた統合失調症にしても、遺伝や神経伝達物質の代謝異常、社会的なストレスなど、さまざまな要因が考えられているが、はっきりとした因果関係が断定されたわけでもない。また同じ統合失調症と診断された患者でも個人差が大きい。

ある人は妄想型の統合失調症と診断されて一〇年以上も通院し、投薬を続けている。投薬によって幻聴などはおさまったが、しかしいわゆる「健常」な人と同じようには社会生活を営めない。協調性に欠け、対人関係において常に相手を支配しようとするなどしてトラブルを起こす。主治医は発達障害の可能性も指摘する。もともと発達障害だった人が統合失調症になったのか、あるいは統合失調症のように見える発達障害だったのか、はっきりとはしない。高脂血症や高血圧のように、血液検査や血圧検査によって数値化できるわけでもない。

精神病の輪郭もはっきりしない。理性と狂気の境目はあいまいだ。アメリカ精神医学会のマニュアル（ＤＳＭ）を基準に診断する医師が多いようだが、これもあらかじめ予測を立てて可能になる。

以前、春日武彦から、こういう話を聞いた。春日は産婦人科医として医師のキャリアをはじめたが、障害を持った子供を産んだ母親に精神的ケアをする必要を感じて精神科に転じた。障害児が生まれると、双方の祖父母が「うちの家系にはこんな血はない」などとののしり合い、母親は二重三重に傷つくことが少なくないそうだ。

春日が産婦人科医をしていたとき、性器に異常があると訴える救急患者が来たという。診察しても異常はないのだが、当人はなかなか納得しなかった。のちに精神科医として経験を積んで振り返ると、一種の妄想状態だったとわかるのだが、産婦人科医だったときはその可能性に考えが及ばなかったという。精神科医でも、この患者は精神病かもしれないというある種の「予断」がなければ、たとえば街を歩いていて向こうから来る人が統合失調症だとわからないかもしれないという。厚生労働省のサイトによると統合失調症の生涯罹患率は〇・七％だというから、一〇〇〇人のうち七人ぐらい、五〇〇〇人のうち三人か四人は発症する病気であり、けっして珍しくはない。

また、わたしたちは狂気についてロマンチックな幻想をいだきがちだ。かつて結核についていだいたように。精神的に繊細で、想像力豊かで、創造性に富んだ人が精神病になりやすいのではないかというイメージがある。あるいは、統合失調症患者が見る幻覚は、健常者が思いもつかないような突飛なものであるとか。狂気と天才は紙一重であるというイメージもある。

ところが春日の話によると、患者の妄想はほとんどが型にはまった陳腐なものばかりで、たとえばそれを記述したらすばらしい文学作品になるなどということはありえないだろうという。電波が伝わってくる、監視されている、嘲笑する声が聞こえる、命令が聞こえるなど、ほとんどが限られた類型にあてはまる。病いには、どこか甘美なところがあるのだ。

精神医療の現場を見れば、そこには確かに健常者とは違う、明らかに病んだ人たちがいる。しかし健常者と病人の境目ははっきりしない。また、いまは精神的に健康であるはずのわたし自身も、いつ病人になるのかわからない。あるいはすでに病んでいるけれども、わたし自身も家族も世間も気がつかないだけかもしれない。また、次章で検討しようと思っている「老い」と関連づけて考えると、わたしが認知症になる可能性はけっして低くはない。二〇年後、三〇年後も生きていたとして、はたして「正気」を保っているのかどうか。理性から狂気へ、人はどのようにして移行していくのだろう。

3　臨床哲学について考える

臨床哲学は臨床の哲学なのか、哲学の臨床なのか。ふたつの方向があるのだと思う。このふたつは別のものではなく、ときどき交差する。木村敏は精神医学の立場から臨床哲学を唱え、鷲田清一は哲学の立場から臨床で考える。

木村と鷲田とでは「臨床」の意味が少し違う。「臨床」を辞書で引く。たとえば『広辞苑』には「病床に臨むこと」と書いてある。『大辞泉』では「病床に臨んで診療すること。患者に接して診察・治療を行うこと」と、『明鏡』では「病床の患者に接して、実地に診察・治療を行うこと」とある。『集英社国語辞典』は①「病床に行くこと」と②実際に病人を診察、治療すること」のふたつに分けている。この『集英社国語辞典』の説明でいうなら、木村敏の臨床哲学は②に、鷲田清一の臨床哲学は①に近いかもしれない。

大阪大学大学院文学研究科の倫理学／臨床哲学研究室のサイトには、「臨床哲学について」と題して次のような文章が掲載されている。

（研究分野）臨床哲学（通称：臨床哲学研究室）は、鷲田清一氏らの呼びかけにより多方面で動き出した〈臨床哲学〉の試みを引き受け、１９９８年４月より、哲学講座倫理学研究室から名称を改め、現在にいたるまで、さまざまな研究・活動を展開しています。

臨床哲学は、哲学研究の内部で特殊な「ディシプリン」＝専門の確立を目指すのではありません。私たちは、従来の哲学・倫理学研究を有用な資源として活用し、欧米および近代日本の倫理思想、道徳理論、現代の社会哲学、文化理論などの精密な解読・批評を実践し、さらに、そこで表現されている「問い」や「概念」を社会の具体的な文脈に再び置き直して問い直したり、社会のさまざまな場所において対話や議論を通じて「問い」や「問題」を掘り起こしたりする活動に乗り出しています。

私たちは、研究者の枠をこえた〈共同研究〉というスタイルを重視しています。すなわち、研究者が孤独に自分だけの知的好奇心を満足させるだけにとどまらず、例えばケア、医療、介護、教育、芸能、セクシュアリティ、科学技術、環境などのテーマについて、実際に社会でそれらに関わっている人たちと対話や議論をおこなっていくなかで、「何が問題であるのか」を探し出し、研究プランをデザインし、それを遂行しようとします。

２００５年４月からは、教員が大阪大学に新たに設置された「コミュニケーションデザイン・センター（ＣＳＣＤ）」と連携しながら、大阪大学大学院生・社会人を対象とする対話教育に貢献するほか、当研究室を母胎にうまれた市民団体「Café Philo（カフェフィロ）」との密接なネットワーキングを通して社会活動に参加し、「社会に生きる哲学」を実践している。

鷲田の臨床哲学の「床」は、病人が横たわるベッドだけでなく、ひろく社会一般、「社会のさまざまな場所」のことであり、「現場」といいかえることもできそうだ。

一方、木村敏の臨床哲学はどうだろう。今野哲男によるインタビュー本『臨床哲学の知　臨床としての精神病理学のために』を読みながら考えてみよう。木村ひとりの著作ではなく、あえてインタビュー本を選ぶのは、今野の問いに答えながら考えていくスタイルが、まさに臨床哲学的だと思えるからだ。

「まえがき」で木村はいう。

わたしは例えばハイデガーや西田の書物を読む場合でも、「ハイデガー哲学」や「西田哲学」を勉強しようと思って読むということをしない。わたし自身が四十年前から問い続けてきた、自己が自己であるとはどういうことかという、そのたったひとつの問いだけを念頭に置いて、それに対する答えが見つかりそうな箇所だけをできるだけ深く掘り下げて考える、そんなずいぶん自分勝手な哲学書の読み方をしてきた。しかしわたしは、「哲学する」ということは、本来そういうものではないのかと思っている。

（『臨床哲学の知』洋泉社、9頁）

自己が自己であることとはどういうことか。精神病とは（とりわけ統合失調症とは）、自己が自己であることとの危機的な状況だ。精神病について考えることは、自己が自己であるとはどういうことかという哲学的な問いと隣接している。

自己が自己であることへの疑問。たとえばそれは、わたしがデカルトをはじめて読んだときの違和感にも通じる。

デカルトは、「（われ）思う、ゆえにわれあり」といい、どんなに疑っても疑っている自己の存在は否定できないというところから出発したが、ほんとうに自己の存在は否定できないのか。ときには自己の存在が疑わしく感じられることもあるのではないか。

人は四六時中自分を意識して生きているわけではない。むしろ意識していないときのほうが多い。歩くとき「わたしの右足を出す」「わたしの左足を出す」というふうに、いちいち考えないように。

また、気持ちが弱っているときなどは、自分が自分であることに確信が持てないように感じる瞬間もある。自己の存在がないかもしれないという感覚だ。逆に、複数の人と一緒に何かをやっているとき、自分の存在が他者とまじりあってひとつになっているような、いわゆる一体感を持つ瞬間もある。そのとき自己は自己なのか。

統合失調症の患者さんには、実際に発病してわたしたちのところへ連れてこられる前に、自分一人でとても苦しむ時期があります。十代の半ばころの人に多いのですが、自分にはほかの人たちのような自己がない、主体性がないと気がついて、非常に苦しむわけです。

（28頁）

統合失調症でなくても、程度の差はあれ、誰でもこのような苦しみを感じることはあるだろう。わたしたちは何かに夢中になっているとき、世界を素手でつかんでいるような充実感がある。しかし、いつでもそのような感覚を持てるわけではない。木村のいうように「ほかの人たちのような自己」と考えるかどうかはともかく、「自己がない」あるいは（主体性ではなく）「主体がない」と感じることもある。とくに鬱々とした気分のときは。

哲学者と精神科医の違いについて、木村はおもしろいことを指摘している。哲学者はものを考えるときに自分自身をモデルにしているというのだ。デカルトの省察は、自分自身の内部で行われた。他人に会って「あなたは思ってますか？」「あなたはありますか？」と問うて「われあり」という結論に達したわけではないだろう。ところが精神科医（精神病理学者）は、自分のことばかり考えているわけにはいかない。目の前の患者のことを考えなければいけない。まさに臨床だ。

そうすると、精神病理学に哲学を持ち込んで、しかも臨床医としては患者という他人についてものをいっている精神病理学者は、哲学者が自分自身をモデルにして考えた結論を、他人についての言述の参考にするというおかしなことになってしまう。（40頁）

自分をモデルにした思考を患者にあてはめて患者を理解しようとする。その奇妙さについて木村は悩んできたし、いまもどこかで引っかかっていると告白する。

おそらく鷲田清一の臨床哲学が、従来の哲学と違うところもここにあるだろう。鷲田は『〈弱さ〉のちから』のまえがきにあたる「旅へ」という文章のなかで、「哲学とはおのれ自身の端緒が更新されてゆく経験である」というメルロ＝ポンティのことばを引き、「言葉で世界の果てまで行き着こうという」ひたむきさにひかれて哲学してきたけれども、「ただ一点、哲学のその言葉の確かさはみずからの内部で根拠づけなければならないという衝迫には、どうしてもなじめないできた」（4頁）と告白する。

それは「自己が自己であるということ」の疑問にとりつかれ、その哲学的問いを抱えたまま精神医療の現場で患者に接する木村敏が感じる居心地の悪さに通じる。だからこそ鷲田は、哲学者たちが築いてきた概念や用語に頼ることなく、現場で感じ、考えようとするし、木村は臨床医学の現場で（といういい方は「馬から落馬する」みたいなおかしさがあるが）哲学的に問い続けようとする。

精神病の症状、たとえば統合失調症の妄想や幻覚などは、ひとりでに消えるまで無理に取り除いてはいけないと木村はいう。現代は統合失調症でも鬱病でも臓器としての脳の不調ととらえ、投薬によってすぐさま症状を消そうとする医師が主流だ（アメリカでは投薬ではなくTMS磁気治療などが増えているとも聞くが）。しかし、精神病の諸症状も、風邪による発熱やくしゃみと同じように、まず病気があって、その病気が原因になって出てくるものであり、ウイルスに冒された身体が炎症という防衛反応を起こしてくしゃみという症状となって出るように、精神病の症状もまた身体にとって有意義な自己治療機制なのだと木村はいう。そこを無視して、投薬によって症状だけ取り除けば、たしかに患者の家族など周囲の期待に応えることにはなるが、原因となる病気が治ったわけではない。

わたしには非常に辛い記憶がひとつあります。薬を使って症状をきれいに取ったら、その患者さんが自殺してしまったということがあるのです。症状を取られるということは、患者さんにとっては自己防衛手段を奪われることと同じですから、あとは自殺するしか仕方がなかったということなのだろうと思います。（54頁）

ここで、その患者にとっては統合失調症による妄想や幻覚なども「自己」のうちなのだ、といいたくなる。すくなくともそれがひとりでに消えるまでは。

わたしたちはふだん、健康である自分を本来の自分であると考え、病気である自分は本来とは違った自分だと考える。本来の「自分」に「病気」が加わっているというイメージだ（それが健康時には持っている機能の「欠如」というかたちであっても）。ならば「自己が自己であること」とは、自分から病気を除いたものであるはずだが、木村の考えでは、症状は自己が自己を守るための防衛反応であり、それもまた自己の一部である。精神病の症状を脳の神経系の異常ととらえて投薬等で押さえ込もうとする考え方と木村の臨床哲学とでは、患者の（あるいは人間の）自己がどこからどこまでとするかが根本的に違っている。

ただ、おおむね木村に同意しつつも、いくつか疑問は残る。幻覚や妄想も患者の自己治療機制であり、その人の自己の一部だという彼の考え方はけっこうだけれども、それで患者は治るのか、社会とうまく折り合っていけるのか、患者は幻覚や妄想で苦しんでいるのではないか。そして、患者の幻覚や妄想につきあわされる患者の家族はたまったものではないぞ、といいたい気持ちもある。

もちろん木村は次のようにいうのであるが。

> 症状はひとりでに消えるまで無理にとってはいけないという考えは、そのとき以来、いまもずっと変わりません。患者さんがあまりに興奮しては診察自体が成り立たないし、妄

想や幻覚がひどいと患者さんの社会人としての評価にかかわりますから、薬はそれなりにやはり使いますけれども、それで症状をきれいにとってしまおうなどということはまったく考えません。風邪と同じで、症状は出す必要がなくなれば自然になくなります。症状が出るのは、生きる力、病気と闘う力があることの証拠なのですね。（54頁）

この本のべつのところで、統合失調症の患者は「死のとても近くにいる存在だ」と木村はいっている。自殺してしまうことが多いのだという。実際に木村も多くの患者を自殺させてしまった、と。

木村によると、統合失調症患者の自殺は、鬱病のそれとは違っている。鬱病の場合は「危なそうだ」とわかり、警戒したり防止したりすることが可能だ。ところが統合失調症の場合はそれができない。唐突に自殺を試み、しかも高い確率で死ぬ。高層ビルから飛び降りたり、電車に飛び込んだりと、確実に死ねる方法を選ぶ。

鬱病の人の自殺には、絶望的になって、ほかに選ぶ手段がないから自殺するという感じがあります。ところが統合失調症の人はそうじゃない。必死に死を求めるというのではなくて、日常茶飯事のようにひどく簡単に死んでしまうので、主治医も気がつかないのですね。（105頁）

「生きる力」「病気と闘う力」と、唐突に確実な方法で（つまり、ためらいなどみせることなどなく）死んでしまうこととの関係をどう考えればいいのか。その唐突さにこそ、統合失調症という病いの特徴があるように思える。ならば「病いは……」というふうに一般化はできない。病いが一般化できないのだから、「治る」ということも、そして「健康」ということも一般化できない。病いも健康もなく、それぞれの状態があるということではないのか。

病気の「わたし」はどこまで「わたし」なのだろうか。健康な「わたし」が「ほんとうのわたし」で、病気の「わたし」は「にせもののわたし」なのだろうか。

もちろん病気はつらい。痛かったり、苦しかったりする。本人だけでなく、家族や友人もつらい思いをする。だから、「治ってほしい」「回復してほしい」と心から思う。

だが、病気の「わたし」は「ほんとうのわたし」ではない、というとらえ方には違和感がある。

書店には健康になるための秘訣を書いた本があふれている。ふくらはぎをもんだり、尻をもんだり、脚を開いたり、あまりお金がかからず、誰でもかんたんにできそうな秘訣が人気だ。青汁とか酢とかゴボウ茶とか、飲むだけで健康になるという本もある。ふくらはぎをもむよりはお金がかかるだろうが、飲むだけなのだから誰でもできそうだ。そういうわたしも、腰痛予防のためにストレッチをしたり、食後に乳酸菌飲料を飲んだりしている。少しでも健康を保ちたい、病気を治したいと思っているからだ。

書店にあふれる健康本を眺めていて、これは「じぶん探し」に似ていると思った。病気の「じぶん」は「ほんとうのじぶん」ではないという感覚をわたしたちは持っている。「現在のじぶん」が「ほんとうのじぶん」ではないのと同様に。健康体としての理想的な「じぶん」がいわばイデアとしてあって、そこに少しでも近づくために、ジムに通い、ジョギングやウォーキングエクササイズをし、健康本を読んで数々の「秘訣」を実践する。体重計に乗り、体脂肪を測り、体温や血圧をチェックする。最近はスマートフォンやスマートウォッチで健康状態を常時チェックし、さらにはそれらが運動や就寝を促すようセットしている人もいる。理想的な健康体である「ほんとうのじぶん」を求めて。「ほんとうのじぶん」からは遠い「いまのじぶん」に嫌悪しつつ。

だが「じぶん探し」に終わりがないように、究極の健康探しにも終わりがない。なぜなら、完璧な健康を手に入れたら、次はその健康を維持しなければならないからだ。食べ物に気をつけ、適度な運動と休息を心がけなければならない。しかも、この闘いは絶望的だ。敗北が運命づけられている。人は老いる。老いれば衰える。また、どんなに気をつけていても、感染症になることはある。「ほんとうのじぶん」になるためのジョギングで脚を傷めることもあるだろうし、走っていて交通事故に遭うことだってあるかもしれない。

病いについてわたしたちは、それが可逆的な変化だと思っている。病気はいつか治る、と。だが治るとはどういうことか。たとえば五九歳の時に大ケガをしたとする。療養に二年かかり、六一歳で社会復帰した。この人の「治った」は五九歳のときとそっくりそのままの身体に還ったということではないだろう。ケガが治っても、傷跡は残る。ケガの前と後では身体が変わっている。大ケガをした記憶や、それによって強いられた治療の日々の記憶は残るから、内面においても変わったっていい。また、二年のあいだに年齢は二歳加わり、ケガをした部位以外の身体もいろいろ変化している。白髪や皺が増えたかもしれないし、物忘れもするようになったかもしれない。それは大ケガと関係あるかもしれないし、ケガをしなかったとしても起きた変化かもしれない。いずれにせよ彼にとって「じぶん」はひとつだけで、そのひとつだけの「じぶん」がケガをしてしまったのだから、ケガをしなかったかもしれない「じぶん」について考えることは意味がない。わたしに潰瘍性大腸炎だと告げた医師のことばを思い出す。彼は「この病気は治らない。治ったように見えても、それは調子のいい状態が続いているだけ」といった。わたしたちは「病んでいるじぶん」も「じぶん」として受け入れなければならない。

木村敏は『臨床哲学の知』のなかで、主語的な「私」と述語的な「私」について語っている。「手を出す」と「手が出る」の違い、「声を出す」と「声が出る」の違い。

「手を出す」は「私が手を出す」であり、その「私」は主語的だという。「手が出る」は「私の手が出る」であり、そのときの「私」は「手」が存在する場所である。「声を出す」という行為の主体は「私」だが、「声が出る」ときの主体は「声」であり、「私」は「声」の場所としてある。

病気の「わたし」は主語か場所か。

ふだんわたしは、書評やエッセイを書いていて、病気や障害のある人についての表現に迷う。「病気になる」「病気がある」「病いを得る」と、さまざまないい方があるが、少しずつニュアンスが違う。障害についてのときは、さらに慎重になる。「障害」を「障碍」と書くか「障がい」と書くかについてもそうだが（わたしはできるだけ交ぜ書きを避けたいと思っている）、「障害者である」「障害がある」「障害をもつ」「障害を得る」と、さまざまないい方がある。

当事者から直接「こういういい方はしないでくれ」といわれたことはないが、どういういい方が不快感を与えるのかよくわからない。

障害があるじぶんは「ほんとうのじぶん」ではないのか。それとも障害も含めて「じぶん」なのか。

病気は回復する。あるいは回復しないまま患者は死ぬ。障害は回復しない。しかし克服することはできる。

以前、難病患者でもある社会学者の大野更紗の話をきくうち、病人と障害者の中間的な存在（といっていいのかどうか迷うが）として難病患者がいることに気づいた。介護にしても介助にしても、行政の諸制度のはざまのようなところに難病患者はいる。状態が固定していないので障害者ではないが、一般のケガや病気の患者を対象にした制度からもこぼれてしまう。

木村敏は前掲書でデカルトのコギトを話題にしている。ラテン語の cogito ergo sum は、「われ思う、ゆえにわれ在り」と訳される。ここに ego はないが、語尾変化によって隠れた主語の存在は明示される。考えているのだから、わたしという存在はある、ということだ。

しかし木村は、「ところがね、これはデカルトの『省察』の「第二省察」を読んでみると、実はデカルトはこのコギト、「われ思う」について、思いがけない説明をしているのです」と聞き手である今野哲男にいう。

いま私が夢の中で、色を見たり熱を感じたり音を聞いたりしている。その場合、色を見たり、熱を感じたり、音を聞いたりしているのは、夢なのだから、真実でないといえるかもしれない。しかし、「私」が色を見たり、熱を感じたり、音を聞いたりしていると「思われる」こと、あるいはそう「見える」こと、それは間違いない。この「見える」あるいは「思われる」ということこそ「われ思う、ゆえにわれ在り」の「思う」ということだと、デカルトはそう書いているのですね。

（116頁）

こう木村敏はいう。

「思う」なのか「思われる」なのか。「われ△△と思われる、ゆえにわれ在り」でいいじゃないか、ということなのか。デカルトのコギトは、積極的な主語としての「われ」ではなく、場所としての、述語としての「われ」ではないかと木村敏はいう。

ならば、「病いのわたし」もまた「わたし」ということになるだろう。「わたし」は主語ではなく述語、場所なのだから。

死が「わたし」ひとりのものではないように、病いもまた「わたし」ひとりのものではない。人はひとりで生きていけない。ましてや病人となれば。家族の誰かが病気になると、家族の他のメンバーが直接間接に病人を支える。家族でなくても、友人だったり、ご近所だったり、関係はさまざまだ。また、一緒に住んでいなくても、遠く離れていても、支えることがあるだろう。

ひとり暮らしで風邪をひいて、布団をかぶってじっと寝て回復を待つということもあるだろう。しかしその場合も、働いている人であれば会社の同僚や取引先になんらかの影響を与えるし、重症であれば、病院で医者にかかったり、薬局で薬を購入したりするだろう。病人として他者となんらかのかかわりを持っている。

では、その他者の側からするとどうか。心配するだろうし、助けよう、手伝おうとするだろう。家族であれば看病する。ひとり暮らしであれば、近所の人が手助けしてくれるかもしれない。

わたしはときどきぎっくり腰になる。ぎっくり腰で外出するときは、コルセットをして杖を突く。杖を突いて電車に乗ると、席を譲られる。席を譲る側からすると、目の前に杖を突いた初老の男がやってきたので、席を譲るということだろう。それは、わたしと席を譲ってくれた人のあいだで、「ぎっくり腰」という病いが共有された状態だといってもいい。ただし、同じ「ぎっくり腰」でも、席を譲られたわたしにとっての「ぎっくり腰」と、席を譲ってくれる人にとっての「ぎっくり腰」は違ったものである。

こう考えると、病いは患者に所属するものでありながら、それが社会との接点では他者と共有されるものにもなる。ケアというかたちで、健康な人も他者の病いに関与する。もちろん、ケアをするほうも何らかの病いを抱えていることがあるだろう。ケアとは、病いを抱えた者どうしが、その関係性を反転しあいながら関係を持続することなのかもしれない。

鷲田清一の『「聴く」ことの力』には、「臨床哲学試論」という副題がついている。鷲田が臨床哲学の手始めに、まず「聴く」という行為を据えたのは興味深い。病人であれ障害者であれ、あるいは老人であれ、ケアにはさまざまな行為がある。歩行や食事、排泄、着替えなど、さまざまな動作を手伝うのもケアであるし、掃除や洗濯、調理などを手伝ったり、その人のかわりに行うのもケアだろう。見守ることも、そして聴くことも。

『「聴く」ことの力』のいちばん最初に、阪神・淡路大震災のあとで避難所生活をしていた人の話が出てくる。深夜に居間の炬燵で居眠りする受験生の息子を、よりによってその晩だけ、二階の寝室に行かせず、そのまま眠らせてやった。起こすのはかわいそうという気持ちがあだとなり、明け方の地震で家は倒壊し、息子は押しつぶされた。それをじぶんの不注意だと責める母親。鷲田の、知り合いのそのまた知り合いというボランティア女性は、繰り返されるその母親の話をただ聴くことしかできなかったという。

じっと聴くこと、そのことの力を感じる。かつて古代ギリシャの哲学者が《産婆術》と呼んだような力を、あるいは別の人物なら《介添え》とでも呼ぶであろう力を、である。

（『「聴く」ことの力』ちくま学芸文庫、14頁）

と鷲田はいう。

鷲田の「聴く」ことと「臨床哲学」は反響を呼び、東日本大震災の直後は「傾聴ボランティア」が多数出現することともなった。

話を聞いてもらうことで楽になることはある。兼好法師が『徒然草』で「おぼしきことを言わぬは腹ふくるるわざ」といったように、溜まったものをはき出すことは必要だ。それが日常のなかの些細な不平不満であろうと、わが子の死を自分のせいだと後悔する母の苦しみだろうと。話してどうなるのかという思いもあるが、話せば心が軽くなるかもしれない、という思いもある。

もっとも、つらい話は聴く方にとってもつらい。

わたしは三〇代はじめのころ、片方の眉の半分だけ毛が抜けてしまったことがある。朝、顔を洗って、鏡を見て気づいた。そういえば夜、なかなか寝つけない日が続いていた。医者に相談すると、ストレスのせいだろうといわれ、眉に塗る軟膏と睡眠導入剤を処方された。

心当たりはあった。そのころアダルトビデオの女優たちに連続してインタビューしていた。あまり幸福ではない人生を送ってきた女性が多く、話を聞くたびに胃がひりひりするような思いだった。それが不眠と脱毛の原因だった。睡眠導入剤はよく効いて、たっぷり寝るとやがて眉も生えてきた。

鷲田は次のように書いている。


わたしがここで考えてみたいこと、それがこの〈聴く〉という行為であり、そしてその力である。語る、諭すという、他者にはたらきかける行為ではなく、論じる、主張するという、他者を前にしての自己表出の行為でもなく、〈聴く〉という、他者のことばを受けとる行為、受けとめる行為のもつ意味である。そしてここからが微妙なのだが、〈聴く〉という、いわば受け身のいとなみ、それについていろいろと思いをめぐらすことをとおして、〈聴く〉ことの哲学ではなく、〈聴く〉こととしての哲学の可能性について、しばらく

考えつづけたいとおもうのだ。（14頁）

鷲田の臨床哲学はここからスタートした。

産婆術もそうだが、聴くこととしての哲学は、ひとりではできない。話す誰かがいなければならない。しかも、たんに話したいから話すということでは〈聴く〉にならないだろう。落語を聴く、講演を聴く、授業を聴く、というだけでは哲学にならない。語る側と聴く側の間に、緊張した関係性が成立していなければならない。

前章で見たように、ジャンケレヴィッチは、死には三人称、二人称、一人称の三つの様態があるといった。しかし、三人称の死と二人称の死は経験できても、一人称の死は経験できない。自分が死んだときは「自分」も失われ、知覚も認識もできないからだ。「されど死ぬのは他人」とデュシャンはいった。

だが病いは違う。病いには三人称、二人称、一人称がある。しかも、それがときどき入れ替わる。昨日、友人の見舞いに行った人が、今日は家族の看病をして、明日は倒れて病人となるかもしれないし、いまは病床にある人が半年後には回復して看病する側になっているかもしれない。子供のころ重い病気から回復した経験から医師や看護師になる道を選んだという人がときどきいる。また、病いの経験によって人生観が変わったという人もいる。

わたしの父は五〇代はじめのころ、意識不明になって救急車で搬送された。当時、両親が住んでいた北海道の小さな町の病院では対応できず、数十キロ離れた大きな市の総合病院に運ばれた。原因は硬膜下血腫だった。冬の朝、出勤途中で転倒して頭を打ったのがその一か月ほど前で、転倒したときは特に症状が出なかったが、徐々に硬膜下で血がたまり、脳を圧迫していったらしい。当初は転倒との関係がわからなかった。

それを機会に父の人生観がいささか変わったように、わたしには見える。それまでの父は労働運動と左翼運動に熱心で、管理職になることもしなかった。運転免許も持たず、狭い官舎に住んでいた。酒は好きだったが、それ以外の面ではストイックだった。回復したあとの父は、地域の中心部に近い勤務先に転勤し、五〇代後半で運転免許を取った。自家用車を所有し、わたしが中学生のころに住んでいた町に家を建てた。ほどなく定年退職して、母とドライブを楽しむようになった。

父は浄土真宗本願寺派の寺に生まれたが、わたしが子供のころはさほど熱心に信仰しているように思えなかった。朝はいつも出勤ぎりぎりまで寝ていて、仏壇を拝むのはせいぜいお盆ぐらいだった。わたしが中学生のころ——父が四〇代はじめのころだ——社会主義と仏教は共存しうるのかについて親子間で議論した覚えはあるが、父のなかでは仏教よりも社会主義のほうが優先しているように感じた。それが定年退職したころから、実家の寺によく顔を出すようになり、本山での研修にも母と参加するようになった。戒名も受けている。毎朝、仏壇に向かって経を読み、食事の前には感謝のことばを献げるようになった。もっとも、父が社会主義者であり、反戦運動や護憲運動に熱心であることに変わりはなかったのだが。

こういうことではないだろうか。

父は頑強で、めったに風邪をひくこともなかった。三〇代のころいちど勤務中の事故で骨折してしばらく休んだことがあったが、それ以外は健康だった。つまり病いについては三人称・二人称しか知らなかったのだ。それが硬膜下血腫で一人称の病いを経験した。意識を失い、気がつくと病院のベッドにいて、開頭手術を受けて身体のあちこちに管をつながれていた。意識を失うまでの二週間ほどは、徐々に身体が動かなくなっていたようなので、変化は突然にというよりもある程度の時間をかけて進行した。父にとっては驚愕の体験だったろうし、健康への自信が一挙に失われたのだろう。

病いにおける人称様態の転換は、対他・対自ということを考える上でも重要なことのように思える。

病いというと、キェルケゴールの『死に至る病』を連想する。

人間とは精神である。精神とは何であるか？　精神とは自己である。自己とは何であるか？　自己とは自己自身に関係するところの関係である。すなわち関係ということには関係が自己自身に関係するものなることが含まれている、——それで自己とは単なる関係ではなしに、関係が自己自身に関係するというそのことである。人間は有限性と無限性との、時間的なるものと永遠的なるものとの、自由と必然との、綜合である。要するに人間とは綜合である。綜合とは二つのものの間の関係である。しかしこう考えただけでは、人間はいまだなんらの自己でもない。

（『死に至る病』斎藤信治訳、岩波文庫、20頁）

キェルケゴールは「死に至る病とは絶望のことである」といい、わたしたちがこのことばから想像するガンや結核、エイズなどのことではなく、キリスト教的信仰に関連づけて語る。逆にいえば、絶望しない限り死に至ることはない。絶望しなければ、そして、信仰を捨てなければ、人は死なない。肉体的には滅びても、精神的には死なない。

だが、そのこととは離れて、病いについて考えながらこのキェルケゴールのことばを読むと納得できる。

自己自身に関係するところの関係。関係が自己自身に関係する。

人は病んでいるとき、自己自身についていやおうなく意識させられる。日ごろ「足」など意識せずに歩いているのに、骨折したりねんざしたり挫傷したりすると、痛みや違和感とともに「足」の存在を意識する。それどころか、水虫のかゆみだけでも。

胃が痛くならなければ胃について意識することはないし、肩が凝らなければ肩を意識することもない。昨今流行のマインドフルネスのトレーニングをはじめ、自律訓練法や森田療法などは、意識していない身体を意識することによって、忙しく働く潜在的な意識をクールダウンさせ、ストレスを減らそうというものだ。自己自身に関係するところの関係である自己を、自己を意識することによって相対化させるトレーニングと言いかえることもできるだろう。

鷲田清一の『〈弱さ〉のちから』には「ホスピタブルな光景」という副題がつけられている。この本で鷲田はさまざまな「現場」の人びとに会い、話を「聴く」。彼が会った人びとを、それぞれの章の副題で並べると「ピアスをした尼さん」「サスペンダーをしたお坊さん」「サーフィンをやっているセンセー」「住宅にこだわる建築家」「『先生』と呼ばれる性感マッサージ嬢」「横着で優しいダンスセラピスト」など。ホスピタブルといっても、彼らがみな「癒し」の現場にいて、誰かを癒やすことを職業としているわけではない。たとえば生け花の中川幸夫のように、独特の表現をし続けたアーティストもいる。

この本を鷲田は彼の父の死についてから語りはじめている。『「聴く」ことの力』を脱稿後、しばらくして父を喪《な》くした。この父とはおよそ四〇年間、確執というものすらないほどに語らいがなかったというのである。そうした関係性が続き、しかし「そして最後のほうで時折、不意にぽっと点《つ》きはじめたやるせない想いが、ようやっと、ほんとうにようやっと、せつなさへと裏返りはじめた頃だった。父が未明に息をひきとったのは」という。

こうして鷲田は「ケアの意味をめぐって、わたしはふたたびひどい混乱状態に陥っていた」。

鷲田が「ピアスをした尼さん」、飯島恵道をたずねたのはそうしたときだった。飯島は尼僧であり看護師でもある。飯島の話のなかに「ケアが余計なお世話になってはいけない」ということが出てくる。

飯島が同僚と訪問看護に行ったとき、同僚が患者のベッドの位置を変えた。陽当たりがよく、庭の見える位置に変えたのだが、それによって居間が見えなくなった。家族がもともとの位置にベッドを置いたのは、そこが家族も見えて仏壇も見えるからだった。庭の景色が見えて日当たりがいいのがよい位置、というのは同僚の思い込みにすぎない。「同僚は患者さんのことを考えているけれど周りを見ていないんじゃないか。ふとそうおもった」と鷲田は書く。

ケアと余計なお世話。二人称の病いのむずかしさだ。

あそこが痛い、ここの調子が悪い、としょっちゅう訴える人がいる。わたしの母がそうだったし、わたしにもそういう側面があると自覚している。実際に体調が悪いのだが、しかしそれを周囲に訴えたからといってよくなるわけではない。調子が悪ければじっと寝ていればいいのに、とも思う。いや違うのだ。あそこが痛い、ここが痛いと訴えるのは、治してほしいからではなく、ケアしてほしいのだ。それも介護や介助のような本格的なものではなく、注意を払ってほしい、だいじにしてほしい、できればほかの人よりも優遇してほしいという気持ちだ。甘えかもしれないし、自己愛かもしれない。

逆に、放っておいてほしいのに、余計なお世話をしようとすることがケアだと思っている人もいるだろう。放っておいてほしい人にとって、ケアは迷惑なものだ。また、同じひとりの人であっても、放っておいてほしいときと世話してほしいときがある。

同じ病いでも、一人称と二人称とではズレがある。

ケアするとはどういうことか。ケアされるとはどういうことなのか。

怪我をしたり病気になったりすると、他人の助けなしでは生きられなくなる。そこが動物との違いだ。動物は病気になるとじっとしている。食べ物を取りにいくこともできないし、水場に行くこともできない。飲まず食わずでじっとしている。そうして傷が癒え、身体が病原菌に打ち勝つのを待つ。子猫の怪我を親猫がなめてやることはあるだろうが、たいていの動物は他の個体のケアをしないしケアしてもらうことも期待しない。

「自己とは自己自身に関係するところの関係である。すなわち関係ということには関係が自己自身に関係するものなることが含まれている、――それで自己とは単なる関係ではなしに、関係が自己自身に関係するというそのことである」と書くときのキェルケゴールは、まるで巣穴でじっと回復を待つ傷ついた動物のようだ。巣穴の中で自己自身の変化に意識を集中し、病んでいる自己を見つめ、病んでいる自己とどのような関係を持ち続けるべきなのかを考えなければいけない。

鷲田清一の『わかりやすいはわかりにくい?』には「臨床哲学講座」という副題がついている。ラジオで放送された連続講座を本にまとめたものだ。責任について書かれた章のなかに興味深いエピソードが紹介されている。エピソードといっても、鷲田自身のものではなく、五木寛之と香山リカとの対談『鬱の力』に出てくる、香山の患者の話である。その本の中で香山は、かつて精神科医になったばかりのころは、診断書に鬱病と書かないでくれとよく患者にいわれて困った、ところが最近は鬱病だと書いてくれという患者が増えていると語っている。香山がそれは病気ではなく鬱的な状態なのだといっても納得せず、鬱病だと決めてほしいようだ。病気になりたいのだ。「鬱病」にカテゴライズされることによって安心する。

そうした患者（というか患者志望者）について香山は、ただの「鬱気分」では、自分の考え方や生き方の問題に直面していると、それに対して自分で取り組まなければならなくなる。ところが「鬱病」なら、病人なのだからケアは（他人に）まかせた、という態度になれるのだと指摘している。鬱病という病名を獲得することによって、病いの一人称を得るわけである。ケアをする側からケアされる側へと回ることができる。それと同時に、自分が抱える問題の処理まで他人にまかせることができる。

ケアされたい、癒やされたいという欲求は、自己の身体をとおして他者の意識と眼差しを求めている。一人称の病いにはそういう面がある。

もっとも香山のエピソードは、鬱病がそれなりにカジュアルになった時代だからだともいえる。「鬱は心の風邪」といった言説は、鬱病に苦しむ人が病院を訪れるハードルを下げる効果があると同時に、鬱病という病いの概念を拡大させて輪郭をあいまいにしてしまった。これが統合失調症だったらどうか。「診断書には統合失調症と書いてください」と積極的に求める患者がいるだろうか。もちろん鬱病がカジュアルになっても、重篤な鬱病が深刻なのはいうまでもないし、自殺する人もいる。

一人称を体験できない「死」とは違って、「病」は一人称も二人称も三人称も体験できる。しかも「病」を通じて他者とつながり、社会とつながることもある。「病」は他の三つの苦、「生」「老」「死」と同じく、じぶんの意のままにならないものであり、「病」もまたじぶんを構成するひとつの要素である。

第3章 老いについて

1　キケローとともに

自分の意のままにならないこと、それが苦である。生老病死。仏教ではこの四つを、苦の代表的なものと考える。死や病いと同じく、老いもわたしの意のままにならない。世の中にはアンチエイジングを謳う食べ物や化粧品があふれているし、「これを実行すれば老化を防止できる」というさまざまなエクササイズの情報がある。しかし、どんなにあがいても、老いそのものから逃れることはできない。成形手術で顔の皺をのばしても、どんなサプリメントを飲んでも、わたしたちは確実に年をとる。

老いが意のままにならないことは当然としても、では、なぜ老いが悩みや苦しみのもととなるのだろう。わたしたちは老いの何がいやなのだろう。

ずいぶん前になるが、禅寺で修行する若い僧侶のドキュメント番組を見たことがある。修行は厳しく、起きてから寝るまでの日常のすべてが修行である。もしかすると寝ている間も修行なのかもしれない。レポーターが「楽しみはなんですか？」と僧侶たちに問う。およそ楽しみなどひとつもなさそうな日々だからこそ、あえて質問したのだろう。すると、僧のなかのひとりが、「昨日できなかったことが、今日はできること」と答えたのだった。

その表情がいかにも優等生然としていて、いやな感じもしたのだが、しかしそれは彼なりに日々考え抜いての答えだったのかもしれない。

昨日できなかったことが今日できるようになり、明日はもっとできることが増えるという期待感を抱けるのが成長期であり青年期だ。逆に、昨日できたことが今日できなくなり、明日はできないことが増えていくだろうと思えるのが老いである。老いとは何かと問われたら「昨日できたことが、今日はできなくなっていること」と答えたい。「今日できることが、明日はできなくなっていること」でもある。体力だけでなく、集中力や認識力、判断力、いろんな力が落ちていく。赤瀬川原平はそれを逆転させ、加齢の兆候、老化について、「老人力がつく」といった(正確には、赤瀬川について周囲の人たちが表現した)。

わたし自身は、五五歳を超えたあたりから、それを実感するようになった。まず目にきた。飛蚊症が始まり、視界につねに金魚が泳いでいるようだ。はじめ左目のなかに大きな金魚が出現し、しばらくして右目にもやや小ぶりの金魚があらわれた。つぎは白内障で、左目はレースのカーテンを掛けたような見え方だ。光の入り方によっては、ほとんど見えなくなる。コンピュータに向かっての仕事も、すぐに集中力が途切れるようになった。ほかにもいろんなところで衰えを実感する。

昨日できたことが明日はできなくなる。来年はできないことがもっと増えている。なんとさびしいことだろう。高齢者による交通事故急増で、運転免許の返納が社会問題になっている。返納がなかなか進まない。過疎地ではクルマがないと生活が不便になるという事情もあるけれども、免許を取り上げられる老人の気持ちも要素としては大きいだろう。運転できることがプライドとまではいわないけれども、免許返納とは昨日できた運転が今日はできないと認めることなのだから。加齢によってできなくなるのはクルマの運転だけではなく、免許返納はそのさまざまな「できなくなること」を象徴している。

義父に運転をやめてもらったときは、説得に数か月かかった。ガンが進行していたこともあり、明らかに運転能力が落ちていた。車庫入れに失敗してクルマを傷めることも増えた。運転中にときどきセンターラインを超え、助手席の義母が肝を冷やすこともあった。それでも最初は「まだまだ大丈夫」といっていた。義父は繊維卸業を営み、若いころから毎日、クルマを運転していた。それができなくなったと認めるのはつらかっただろう。家族全員で説得して、ようやくわたしが鍵を預かった。一か月ほどして「クルマを手放すことにした」と義父から電話があった。義父が施設に入ったのはそれから間もなくのことだった。さらに一か月もしないうちに病院に移った。施設に入ったときは黄疸も進んでいたから、義父には体力が落ちている自覚があっただろう。それでも免許を返納し、クルマを手放すことには抵抗があったのだ。「できなくなる」「できなくなった」を認めるのは、悲しいことであり、苦しく難しいことだ。しかしそれが、自分にとっての老いである。

ジャンケレヴィッチが示した死の人称性は、老いにも適用できそうだ。

たとえば高齢者による交通事故が急増しているというニュースを目にしたとき、「高齢者は運転をやめてほしい。行政が強制的にやめさせることはできないのか」と考える人は多いだろう。これが三人称の老い。事故を起こす高齢者は他人である。

しかし、これが親や配偶者など家族のことになると気持ちは複雑だ。二人称の老いである。親にはいつまでも若くあってほしい、じぶんが子供のころと変わらない親であってほしいという気持ちもあるだろうし、肉親の老いを認めたくないという感情もあるだろう。老いの先にあるだろう死を考えたくないという気持ちも。しかし同時に、老いた家族をいたわりたいという気持ちもある。運転をやめるようにいって誇りを傷つけたくはないし、しかし父や母を加害者にもしたくない。あるいは、父や母が事故を起こして、その責任を負わされるのはいやだという気持ちもあるだろう。

では一人称の老い、じぶん自身の老いはどうだろうか。よく、高齢者自身はじぶんの運転技術に自信を持っていて、じぶん（だけ）は大丈夫だと思っている、といわれる。だが、毎日運転をしていれば、ひやりとすること、はっとすることはあるはずだ。二〇代、三〇代のときと同じようにはいかないことも自覚しているはず。衰えを薄々感じながら「じぶんは大丈夫だ」と強弁しているのか、それとも衰えを自覚できないぐらい衰えてしまっているのか。「じぶんはまだまだ大丈夫」というのは「もう大丈夫ではない」という気持ちがあるからこそなのではないか。「大丈夫」という人ほど大丈夫ではない。

「現代の老人は、世間から敬われず、それどころか厭われ、さげすまれ、気の毒だ。昔はそうでなかった、もっとたいせつにされた」と聞くこともある。しかし昔も老いは嫌がられた。

キケローは古代ローマの政治家で哲学者。紀元前一〇六年に生まれ、紀元前四三年に、アントニウスと対立して謀殺された。二〇〇〇年あまり昔の人だ。彼は国家論や法律論、修辞学などについて、膨大な著作を残した。

『老年について』は、将軍で政治家だったカトー（マルクス・ポルキウス・カトー。大カトー）が若い友人たちに語るという形式の著作である。カトーは紀元前二三四年に生まれ、紀元前一四九年に死んでいるから、キケローにとってカトーは一〇〇年近く前の人である。たとえていうなら、現代人が夏目漱石を語り手にして創作するようなものだろうか。

キケローは『老年について』で、老いることの素晴らしさについて語っている。しかしそれは、当時の通説に対する反論である。つまり古代ローマでも老いはネガティブなものだったのだ。

岩波文庫版の翻訳者、中務哲郎はその解説で、ギリシア・ラテン文学で言及される「老い」について紹介している。たとえばホメロスの『イリアス』の老年にかかる枕詞は「いまいましい、辛い、いぶせき」だという。「いぶせし」は「鬱悒し」と書く。『広辞苑　第七版』を引くと「①恋しさ、待ち遠しさなどのため気分が晴れず、うっとうしい。②いとわしく、きたない。むさくるしい。③恐ろしく、気味がわるい」と書かれている。何もそこまでいわなくても、と思う。あるいは「老いの敷居に立つ」という表現は、「老人が若者に老いへの酌量と憐れみを求めるときに用いられている」という。ヘシオドスの『仕事と日』では、「金の種族には老いがなく、銀の種族には老いが遅くきて短く、鉄の種族の行く末には早く来て長い老いが待ちうけている」と歌われているそうだ。老いは短いほうが、できるならないほうがいいものだと受け止められていたのだ。

また、クセノポーン（クセノフォーン）の『ソクラテスの思い出』（『ソークラテースの思い出』岩波文庫）から、死刑を避けるべく弁明するよう弟子たちに求められたソクラテスのことばとして、次の文章を引く。

もしわたしがこれ以上長く生きるならば、否が応でも老年の付《つけ》を払わねばならないだろう。目や耳が衰え、考えも鈍り、物覚えはますます遅く、物忘れは速くなって、以前は勝っていた人に負けるようになるのだ。それに、もしこういったことに気づかずにいても、生きていくのが難しくなるだろうし、気づいていればいっそう惨めで楽しみのない人生にならずに済もうか。

（キケロー『老年について』中務哲郎訳、岩波文庫、123頁）

わたしの茶の湯の師匠は一〇〇歳で亡くなったのだが、晩年は誕生日を嫌っていた。九五歳の誕生日パーティーを代官山のイタリアンレストランで開いたとき、わたしたち弟子がお祝いを述べても「うれしくないわ」「死ぬのが近づいていくんですもの」といい、レストランに用意してもらったケーキに乗った、「ハッピー・バースデー」とじぶんの名前が書かれたチョコレートのプレートを「これ、いや。きらい」と折ってしまった。彼女はふだんから茶の湯の師匠らしく立ち居振る舞いが美しかった。その彼女でもそんな行為をしてしまうのだから、当人にとって老いとは耐えられないぐらいいやなものだったのだろう。また、その感情を制御できないくらい師匠は衰えていたのだろう。

『老年について』に登場する大カトーは八四歳。武人で青年政治家の小スキーピオーたちを前に語る。

あなたが老年を少しも苦にしておられないように感じられることに対して、日頃感嘆すること頻《しき》りなのです。大抵の老人にとっては、老年は厭《いと》わしく、エトナの火山よりも重い荷を背負っている、とこぼさせるほどでありますのに。（12頁）

このようにスキーピオーがいうと、カトーはこう返す。

人は皆、老齢に達することを望むくせに、それが手に入るや非を鳴らす。愚か者の常なき心、理不尽さはかくも甚だしい。（13頁）

人類は二〇〇〇年以上も同じことを繰り返しているのかと、カトーの、そしてキケローの言葉を読んで呆れる。

誰もが長生きしたいという。テレビでも雑誌でも、「あの食べ物が効く」「このエクササイズがいい」と、健康情報が大量に流される。健康情報とは言い替えると長寿情報である。食べ物に気をつけ、生活習慣に気をつけ、サプリメントだの栄養補助食品だのを取り入れ、念願かなって長生きしているのに、しかし「長生きしてよかった」という声はめったに聞かれない。むしろ聞かれるのは嘆く声ばかり。「長寿を嘆くために健康に気をつけているのか？」とツッコミを入れたくなる。

カトーは、老年が惨めなものと思われる理由を四つ挙げる。曰く、

老年は公の活動から遠ざける。
老年は肉体を弱くする。

老年はほとんどすべての快楽を奪い去る。

老年は死から遠く離れていない。（22頁）

この四つだ。そしてキケローはカトーの口を通じて、その一つひとつに反論を加えていく。

たとえば、老年は公の活動から遠ざけるということについて、

「肉体は弱っていても精神で果たされるような、老人向きの仕事はないというのか？」

と問う。

そして、

「肉体の力とか速さ、機敏さではなく、思慮・権威・見識で大事業はなし遂げられる」

と反論する。船尾で舵を握りじっと坐っている舵取りのように、と。

「無謀は若い盛りの、深謀は老いゆく世代の、持ち前というわけだ」

とカトーはいう。

高齢になって『コローノスのオイディプース』を書いたソポクレースをはじめ、ホメーロス、ヘシオドス、イソクラテース、ゴルギアスなど、老いても精神活動は盛んだった文人たちの名前を並べる。

現在、企業や団体などの組織で「老害」と眉をひそめて語られる経営者の多くは、このカトー／キケローと同じことを思っているだろう。体力は衰えても思慮と見識は若い者に負けない、

と。

しかし、思慮と見識は若い者に負けないというのは本当だろうか。たとえば高齢者の運転事故で明らかになったのは、老化にともなう判断力の衰えだ。同時に複数のことができにくくなり、咄嗟の判断ができなくなる。また、現代は過去の経験だけで〝船〟を動かせる時代でなくなっている。船も時代によって変わるし、航海する海もまた変わるからだ。過去の経験が役に立たないことがたくさんあるし、ときとして過去の経験が判断を誤らせることもある。また、すべての老人が思慮と理性と見識をそなえているわけでもないのは、毎朝、新聞を開くたびに痛感している。カトー／キケローのいいぶんが正しいのは、せいぜい半分ぐらいだろう。

第二点の体力について、カトーは、

「今、青年の体力が欲しいなどと思わないのは、ちょうど、若い時に牛や象の力が欲しいと思わなかったのと同じだ。在るものを使う、そして何をするにしても体力に応じて行うのがよいのだ」

という。

現状に応じて、というのは妥当な考え方のように思える。だがこれも、「当人に老いの自覚があれば」という条件がつく。年をとってもクルマの運転に固執する老人に、はたして衰えの自覚はあるだろうか。クルマ——時速六〇キロ＝秒速一六・七メートルで移動する一トンの鉄のかたまり——をコントロールする認知能力や反射神経運動神経をじゅうぶん保持していると胸を張っていえるのかどうか。昨日できたことが、今日もできるとは限らないということを、どれだけわかっているのか。かつて持っていた「牛や象の力」を、いまも持っていると錯覚して、在るものを使い、体力に応じて行うことを忘れている老人も多いのではないか。

三つめの「老年には快楽がない」というのは、むしろよいことなのだとカトー／キケローはいう。

> 快楽をそれほど欲しがらないというのは、老年への非難でないばかりか、最高の褒め言葉であるからだ。老年は宴会や山盛りの食卓や盃責めとは無縁だが、だからこそ酩酊や消化不良や不眠とも無縁なのだ。（46頁）

快楽は人を悪徳へ導く。老年になってしまえば、誘惑されることもないのだとキケローはいう。そして、畠を耕して楽しみとする老人たちを、「幸福な老年」と賞賛する。

俗にいう「枯れる」という状態だ。これも現代の老人たちを見ていると、必ずしもあてはまらない。介護現場や医療現場では高齢者によるセクハラが少なくないと聞くし、高齢者施設内での恋愛トラブルはときとして刃傷沙汰になる。感情の抑制ができなくなって、ふつうではありえないような事件も起きる。また、性への欲望だけでなく、金や名声への欲望にとりつかれた老人たちもいる。もっとも、それが老い特有のものなのか、認知症など病いによるものなのかは、よくわからない。

最後の第四点、「老年は死から遠く離れていない」ということについて、キケローはカトーの口を借りて次のようにいう。

わしらの年齢を最も苦しめ不安なものにしているように見える第四の理由が残っている。死の接近だ。死は確かに老年から遠く離れたものではありえない。かくも長い人生の間に死を軽んじるべきことを悟らなかったとすれば、ああ、何と哀れな老人よ。死というものは、もし魂をすっかり消滅させるものならば無視してよいし、魂が永遠にあり続ける所へと導いてくれるものならば、待ち望みさえすべきだ。第三の道は見つけようがないのだ。（63頁）

死ぬのはいつも他人、ということである。わたしたちが死について考えてきたことと本質的には同じだ。

続けてキケロー（カトー）はいう。

とはいえ、いかに若い者でも、自分が夕方まで生き続けると信じて疑わぬほどの愚か者はいるだろうか。（64頁）

今日死ぬかもしれないのは老人も若者も同じだ。

『老いについて』は、八四歳のカトーが若者たちに語って聞かせるという形で書かれているが、このとき著者のキケローは六一歳だった。訳者解説によると、「生涯で最も苦しく、また最も豊穣な年」だったそうだ。というのも、このころのキケローは、政治の舞台への復帰に絶望し、前年に妻とは離婚。娘が亡くなり、再婚したばかりの妻とも別れたころ。そのなかで六一歳の男が約一〇〇年前に死んだ偉大な政治家にして文人の口を借り、老いについて考察したのである。二〇〇〇年前の六一歳はどんな年齢だったのだろう。老いを自覚しはじめたキケローが、二〇年後の自分を想像しながら書いたのだろうか。キケローの文章では、老いについて客観視できているところと、そうではないところが混在している。三人称の老い、二人称の老い、一人称の老いが入り混じる。

キケローを読むと、わたしたちの老いについての思い、感覚は、二〇〇〇年の時を経ても、そして洋の東西を超えても、あまり変わらないのだと感じる。

2 ボーヴォワールを読む

シモーヌ・ド・ボーヴォワールが『老い』を刊行したのは一九七〇年だった（邦訳が人文書院から出たのは七二年）。彼女は一九〇八年の生まれだから、六二歳の年である。キケローが『老いについて』を書いたときより一歳上ということになる。彼女はどれほどの切実さをもって——一人称の老いとして——このテーマに取り組んだのだろう。

一九七〇年当時、老いをテーマにして評論を書くということ、そして、老いについて語ること自体が、ひとつのタブーだった、とボーヴォワールはこの本の「序」で語っている。現代とはまったく違うのだ。

アメリカでは人びとは死者という言葉をその語彙から削除した、彼らは、親しき故人という言葉を用いる。そして同様に、老齢を連想させる話題をいっさい避ける。今日のフランスにおいても、それは禁じられた主題である。

（『老い』朝吹三吉訳、人文書院、上巻5頁）

また、『或る戦後』の最終部で老いについて触れたとき、ひどい非難を浴びせられたとボーヴォワールは振りかえる。

優しい口調で、あるいは怒りをこめて、多くの、とくに年取った人が私にくりかえし言った、老いなどというものは存在しない！　ただほかの人たちほど若くない人がいるというだけのことだ、と。社会にとって、老いはいわば一つの恥部であり、それについて語ることは不謹慎なのである。（6頁）

半世紀前のフランスではこうだった。しかしそれはフランスだけでなく、おそらく日本でも同じだったろう。いや、先ほどわたしは「現代とはまったく違う」と書いたけれども、いまも似たようなものなのかもしれない。人は老いについて語るとき、無意識のうちに自分をそこから除外している。自分は老人ではないと思っている。

先にも触れたわたしの茶の湯の師匠だが、彼女は高齢者施設でお茶を教えるボランティアのようなことをしていたことがある。「生徒はおばあさんばっかりなのよ」というので、聞いていたわたしはつい笑ってしまった。施設で教えた老人たちは、ほとんどが師匠より年下なのである。

意識的にか、あるいは無意識的にか、人は「老い」を都合よく使い分けている。ある場面では「年寄りあつかいするな！」と怒り、ある場面では——たとえば電車のなかで席を譲らない若者に遭遇したとき――「年寄りを大切にしろ!」と怒る。
また、「老人」「高齢者」「年寄り」ということばそのものが、現代の日本でも忌避されている。「シルバー(エイジ)」「シニア」など、別のことばが考案され、しかし、いまひとつしっくりこない。考案されることばがなぜかカタカナ(英語)であることに加え、「言いかえる」という行為そのものが、年齢差別(エイジズム)や高齢者嫌悪を隠蔽し、隠蔽することによって顕在化させるからだ。「老人」を「シニア」と言いかえたところで、老人が置かれている状況が改善されるわけではない。

しかし、それだからこそ、私はこの書物を書くのである、共謀の沈黙を破るために。消費社会は、不幸の意識を幸福の意識によってとって代わらせ、罪障感はもってはならないとしてこれを否認する、とマルクーゼは言っている。われわれはこの消費社会の安穏さを攪乱する必要がある。老いた人たちに対して、この社会はたんに有罪であるだけでなく、犯罪的でさえあるのだ。それは発展と豊富という神話の背後にかくれて、老人をまるで非人《パリア》のように扱う。(6頁)

ボーヴォワールがこの本を書いた当時、フランスの高齢化率(総人口に占める六五歳以上の割合)は一二%だった。一九七〇年の日本の高齢化率は七%。現在の日本の高齢化率は二七・

三%(二〇一七年)で、「老人の比率が世界でもっとも高いフランスにおいて」とボーヴォワールが述べた数字の倍以上の、超高齢化社会となった。日本は高齢化と人口減少がこれからも進む。

これだけ危機感をもって高齢化が指摘されている現代の日本でも、老人をマーケットにした商品やサービスは少ない。たとえば書店にいくと「老人問題」をテーマにした本はたくさんあるが、それは二人称、三人称としての老人を扱ったもので、一人称の老人、老人自身を読者対象にしたものは意外と少ない。せいぜい「前期高齢者」向けで、本格的な高齢者、「後期高齢者」自身が読むことを前提とした本は少ない。

二人称、一人称の老いも、いま・現在の老いとしてではなく、将来の老い、すなわち「老後の問題」として扱ったものがほとんどだ。老後にいくら金がかかるか、老後の暮らしはどうなるか。現在すでに老いている人が読むように書かれているものは少ない。

ファッション雑誌のほとんどは若者を対象にしたものだし、マンガも同様。『週刊少年マガジン』と『週刊少年サンデー』の創刊が一九五九年で、その約一〇年後に『少年ジャンプ』が登場したことを考えると、一人称の老人を対象にしたマンガがたくさんあってもいいはずなのに。『老人マガジン』も『老人ジャンプ』もない。まあ、老人がジャンプすると、転倒・骨折しそうで危ないが。小説も、時代小説・歴史小説など一部を除くと、多くは青年から中年ぐらいを読者に想定していると思われるものがほとんどだ。

デパートの売場を見て回っても、婦人服紳士服ともに若者からせいぜい中年向けの売場が大半で、老人向けのものは介護用品売場――つまり二人称、三人称としての老人のための売場である。老人自身が買いに来ることを想定していない。

老人たちはいかなる経済的勢力をも構成しないので、彼らの権利を主張する手段をもたない。搾取者の利益は、労働者と非生産者の連帯を断ち切って、非生産者が何人によっても擁護されないようにすることにある。（上巻８頁）

しかし、ごまかすのはやめよう。われわれの人生の意味は、われわれを待ち受けている未来のなかで決定されるのだ。われわれがいかなる者となるかを知らないならば、われわれは自分が何者であるかを知らないのだ。この年老いた男、あの年老いた女、彼らのなかにわれわれを認めよう。（上巻11頁）

カスト制度を崩壊させるために、ガンディーは賤民たちの境涯に手をつけたし、封建的家族制度を破壊するために、共産主義中国は女性を解放した。人間たちがその生涯の最後の時期において人間でありつづけるように要求することは、徹底的な変革を意味するであろう。そのような結果を獲得するためには、体制を無傷のままに放置して、たんに限定された改良によるだけでは不可能である。労働者の搾取、社会の細分化、高踏的御用知識人《マンダリナ》の専用と化した文化の貧困、これらが非人間化された老年という結果をもたらしているのだ。この悲惨な事実は、すべてをその出発点から再検討しなければならないことを示している。（上巻12頁）

このようにボーヴォワールは、老いのための革命、社会変革を扇動する。『老い』はそういう本なのだ。

『老い』という書物は二つの部からなる。第一部は「外部からの視点」として、「生物学からみた老い」「未開社会における老い」「歴史社会における老い」「現代社会における老い」が検討される。日本語版の下巻にあたる第二部は「世界＝内＝存在」と名づけられ、「老いの発見と受容――身体の経験――」、「時間、活動、歴史」、「老いと日常生活」、「いくつかの老年の例」、そして「結論」がある。まさに老いについての総合的考察であり、老いについての実存主義哲学的考察である。

ボーヴォワールのこの本を読んでいると、老いについて語ること、考察することが、意外とやっかいなことに気づく。第一部で彼女は「生物学」「未開社会」「歴史社会」などの視点を用意したが、見る位置と角度によって、老いのあらわれ方はさまざまだ。

戦後の日本を見ても、「老人」の定義や人びとのイメージはかなり変わった。『サザエさん』の波平と藤井フミヤは同い年らしい、いやいや、フネさんは石田ゆり子と同い年だとか、こんな笑い話が聞かれる。長谷川町子が『サザエさん』を描いていた一九五〇年代、六〇年代と現代とでは、人びとの「老い具合」も違うし、何歳ぐらいから老人というかという感覚も変わった。

さきほどわたしは高齢化率の数字を持ち出したが、人口統計では六五歳以上を老人として扱う。しかし、日本では六〇歳を定年とする企業が多い(おそらくそれは干支が一巡する還暦という考え方がベースにあるのだろう)。最近は六〇歳をすぎても働き続ける人が多いが、その場合も「雇用延長」や「再雇用」などと呼ばれて、例外的状況であることを暗に示している。だがその六〇歳定年にしても、ずっと昔から常識だったわけでもなく、かつては五五歳定年、五〇歳定年の企業や団体も珍しくなかった。いまでも自衛隊は統合幕僚会議議長は六二歳、陸海空の将と将補は六〇歳だが、それ以外は五三歳から五六歳が定年だ。

社会の老人観や老人の定義が変化してきた背景には、さまざまな要因があるだろう。たとえば長寿化。人生が長くなったので、その終わりの期間である老齢期も長くなった。ゴム紐に印をつけて伸ばしたような感覚とでもいえばいいか。老齢期のはじまりが遅くなっただけでなく、幼年期も青春期も長くなったような気がする。青春・朱夏・白秋・玄冬。すべてが長くなり、そのぶん、白秋も玄冬もはじまりが遅くなった。政府は選挙権を一八歳からにしただけでなく、民法上の成人年齢を一八歳へと引き下げようとしているが、むしろ二五歳とか三〇歳とかに引き上げたほうがいいのかもしれない。

寿命が長くなっただけでなく、人びとの老化が遅くなった、昔に比べて老人が若々しくなったとも感じる。木村伊兵衛や土門拳の写真にある昔の日本人の姿を見るとあきらかだ。顔の皺、表情、姿勢など、昔の年寄りは年寄りらしい。この変化は、化粧品などによるエイジングケアの成果だろうか。健康情報が行き渡って、栄養補給や運動に気をつけるようになったからだろうか。

ライフスタイルも変わった。ことに戦後のベビーブーマー、いわゆる団塊の世代は「はじめてジーンズをはき、ロックを聴いた世代」を自称する——もっとも、リアルタイムでビートルズを聴いていたのは、クラスの中でほんの一人、二人しかおらず、ほとんどは橋幸夫や舟木一夫など歌謡曲を聴いていた、と渋谷陽一から聞いたことがある。まあ、ビートルズを聴いていたかどうかはともかく、団塊の世代がアメリカ的ユースカルチャーとの親和性を持っているのは確かだろう。

ようするに「気の若い年寄り」が増えて、「年寄りらしい年寄り」が少なくなった。昔の年寄りの趣味といえば盆栽だの俳句だのだったが、今は定年退職後にサックスやエレキギターを始めたり、自転車スポーツやボルダリングを始める人が増えている。ファッションにしても、若く見られようとする年寄り、あるいは若く見られたい気まんまんの年寄りが多い。若いころのわたしはそういう年寄りを見て「なんと見苦しいことよ」と思っていたのだが、いつのまにか「お若く見えますね」といわれて喜んでいる自分に愕然とする……。

いずれにせよ、「老い」についての感覚は、時代によって変わるし、文化によっても違う。そのことに留意しながら考えなければならない。

『老い』のなかの、「生物学からみた老い」においてボーヴォワールは、「個人の肉体的能力の総体は二〇歳のころにその成長の絶頂に達する」と述べる。

生まれてから成長を続け、ピークに達するのが二〇歳前後なのだ。ならば、二〇歳をすぎると、すでに老いがはじまっているといえなくはないか？

それどころか、「不利な変化は、きわめて早くから起こる。視力調節の順応可能域は一〇歳から狭小となる。聴取可能な音の高さの限度は初期青年期《アドレサンス》以前にすでに低下する。直接記憶のある種の形態は一二歳から衰える。キンゼーによれば、男性の性的能力は一六歳を過ぎると減少しはじめる」（18頁）。

若者は老人の肉体的能力低下を嘲笑するかもしれないが、彼ら自身が小学生からみるとすでに老いはじめていることになる。老人をバカにする若者には、「嗤う お前も、すでに老いている」といってやろうか。

しかし、個々の肉体的能力の衰退をもって老化と呼ぶことをボーヴォワールは否定する。なぜなら、衰退は他の能力によって補うことができるからだ。衰える視力も記憶力も、経験や知識によってカバーできるし、現実社会ではすぐれた視力よりもすぐれた判断力のほうが重要である。

『老い』の註において、ボーヴォワールは次のように書く。

ヒポクラテスによれば人間が頂点に達するのは五六歳のときである。アリストテレスは肉体の完成は三五歳のときであり、魂の完成は五〇歳とする。ダンテによれば、人は四五歳で老境にさしかかる。今日の工業的社会が勤労者を定年退職させる年齢は一般に六五歳である。（上巻20頁）

老いは人間だけのものだろうか。もちろん動物たちも老いる。だが人間ほどは外見の変化がない。わが家の近所のお宅でミニチュアダックスフントが飼われている。「アッシュ」という名前で、毎日、わが家の前を散歩していく。脚が短く、胴が長いからか、歩くときお尻と尾を左右に振るようにして歩く。たいへん可愛らしい。ちょっと見た目には若い犬と変わることがない。ところがこのアッシュ、年齢は一九歳と高齢だ。長寿の犬として、区から表彰されたそうだ（そんな制度があるのだ）。猫もそうだ。わたしの両親は老猫を飼っていて、両親が死んだあと、猫も老衰で死んだが、大人の猫と老いた猫の区別はつかない。鳩や雀も、年寄りなのかどうかはわからない。羊や牛もそうだろう。

だが人間は年齢によって外見が大きく変わる。コンビニ強盗事件を伝えるニュースなどでは、犯人が顔を隠していたにもかかわらず、おおよその年齢が推定されていることが多い。外見でわかるのだ。年をとると背が丸まり、腰が曲がり膝が曲がる。あるマンガ家は、姿勢によって年齢を描き分けるといっていた。毛髪は白髪が増え頭髪は薄くなり、しわが増え、皮膚がたるむ。口角が下がり、口はへの字に曲がり、いつも不機嫌そうに見える。

人間にとって老いとは、外見が変わり、肉体的能力が変わり（衰え）、内面が変わることだ。老人は病気になりやすく、怪我をしやすく、回復は遅い。回復せずにそのまま死に至ることも珍しくない。

昔の老人はたいせつにされていた。家族のなかで、社会のなかで、敬われ、気を配られ、あたたかな眼差しをそそがれていた……と主張する人は少なくない。だが彼らは、ボーヴォワールが『老い』の「未開社会における老い」や「歴史社会における老い」の章で述べていることを読んで打ちのめされるだろう。人類の歴史において、老人はいつでもどこでもたいせつにされていたわけではないし、その地位や扱われ方は時代によっても文化によっても違っていた。しかも、かなり大きく。

ひとことでいうなら、(小さな集落から大きな国家にいたるまで)共同体に余裕があるときはたいせつにされるが、余裕がなければやっかいものあつかいされる。

——脱線するが、「厄介」というのは、江戸時代、制度上の正式な呼び方だった。武家をはじめ長子相続だったので、次男以下は養子の口を探して出ていく以外は、長男の被扶養者となるしかなかった。長男は次男以下を扶養しなければならなかった。長男が死んだり隠居したりして家督がその子に移ると、こんどは甥の扶養者となった。書類では「厄介」と記される。「山川太郎厄介金次郎」というふうに。

ボーヴォワールはシベリア北東部で半遊牧生活を送るヤクート族について記している。老人たちのなかで尊敬されるのはシャーマンだけだ。家族は家父長制で、父親は家畜を所有し、子供たちに絶対の権威を行使する。子供たちを売ったり殺したりすることさえもできる。だがそれも彼が頑健であるかぎりのこと。父親が衰えるやいなや、息子たちは彼から財産を奪い取り、死ぬままに放置する。ボーヴォワールは、日本のアイヌや、ボリヴィアのシリオノ族、ガボンのファング族などの例を紹介する。

> 多くの社会は、老人たちがまだ頭脳がはっきりしていて身体が頑健であるかぎりは彼らを尊敬するが、老いぼれて耄碌すると厄介払いをする。
> （上巻61頁）

共同体が老人をどう処遇するかの実例として、ボーヴォワールは深沢七郎の小説『楢山節考』を挙げる。

> 民族学者は、老人たちが自分に課せられる死をたやすく受けいれると好んで主張する。つまり、それは慣習であり、子供たちはそれ以外の振舞いはできないし、おそらく老人たち自身もかつては自分の両親を殺したであろうし、彼らは自分たちのために繰りひろげられる祭典を名誉と感じさえする、というのだ。しかしこのような楽天的な考えは、どの程度まで真実であろうか？　それを知ることはむずかしい。この問題についての参考資料はきわめて少ない。私はそうしたものを二つみつけた。第一は、ひじょうに美しい日本の小説『楢山節考』であり、そのなかで深沢七郎は実際の事実に着想を得て一人の老婆の死を描いている。日本のいくつかの僻地では、かなり最近まで、村が極貧だったので、生きのびるために人びとはやむをえず老人たちを犠牲にしたといわれる。
> （上巻63頁）

このあとの文章でボーヴォワールは、山に捨てられるおりんとまたやんについて述べた上で、同じように捨てられた（殺された）老人を歌うコーカサス地方のナルト叙事詩を紹介している。貧しい共同体が食っていくために老人を捨てていた（殺していた）実例として『楢山節考』を挙げることに、日本人読者は違和感をいだくかもしれない。あれは小説であって、虚構でしょう、と。だが、実際に老人が捨てられていたかどうかはともかく、姥捨て山伝説が残ってきたことは事実だし、現在も「姥捨て山」ということばはさまざまな場面で比喩として使われる。二一世紀に入っても、佐藤友哉はこの伝説をモチーフにした小説『デンデラ』を書き、浅丘ルリ子や倍賞美津子、山本陽子らの出演で天願大介が映画化した。姥捨て山に捨てられた老婆たちが、村人たちに復讐するという映画だ。

人類が老人たちをどう扱ってきたか、単純に述べることはできない。諸条件によって異なる、としかいいようがない。

「老人が生きながらえるチャンスは、貧しい社会よりも豊かな社会、移動民《ノマード》より定住民におけるほうが多いことは一目瞭然である」（上巻91頁）

とボーヴォワールは総括する。

それは、少し考えれば当然のことだ。そして近代以降、人類は少しずつ豊かになっていった。いま姥捨て山はないし、老人を殺す社会もない。しかしそれが「貧しい社会」から「豊かな社会」になっていくことによって生じた習慣であるなら、「豊かな社会」が「貧しい社会」に転じる場合はどうなるのだろう。「貧しい社会」になったとき、社会が老人たちをたいせつにする余裕を失ったとき、ふたたび姥捨て山が復活し、楢山節が歌われるのだろうか。

アウシュビッツのユダヤ人収容所について考えてみよう。サバイバーであるプリモ・レヴィの書物などを読むと、収容された人びとは、必ずしも助け合い、弱い人をいたわっていたとは限らない。極限状態になると、そんな余裕はなくなってしまうのだ。災害時においてもそう。人びとが助け合うユートピアをもたらすこともあるが、劣悪な状況が長く続くとどうか。

ボーヴォワールはいう。

古代エジプトからルネッサンスにいたるまで、老いの主題が、ほとんどつねに規格化された仕方でとり扱われてきたことが以上で明らかである。すなわち、同一の比較と同一の形容なのである。老いは人生の冬であり、頭髪やひげの白さは雪や氷を想起させるのだ。白の冷たさが、火や烈しさを示す赤や、植物、春、若さの色である緑と対立する。

（上巻189頁）

なるほど、だから人は白髪を染めるのか、と妙に納得する。あれはたんに若く見せたいというだけでなく（それならば、背筋を伸ばし、胸を張るなど、姿勢にも気を配ればいいのに）、白髪からイメージされるもろもろのものを拒絶しているのだ。それは「欲」というよりも、生きのびるための、捨てられないための、殺されないための擬態かもしれない。とはいえ、腰が曲がり、背中が丸くなった老婆が、髪だけ黒々としていて、唇も真っ赤に化粧していたりするとグロテスクに感じるのは、そのアンバランスさによるだろう。

パット・セイン編著『老人の歴史』（東洋書林）は二〇〇五年に原著が刊行された本だが、ボーヴォワールがいうように、老人の扱われ方はその時代、その地域によって多様だったことを裏づける。

最近よく耳にすることだが、歴史上かつてないほど人々は長生きするようになり、社会は高齢化し、高齢者は数の上で若者を上回りつつある、という。この種の話は決まって悲観的で重苦しい。高齢者は無力で依存的存在として語られ、医療や介護、年金などの負担を、減少傾向にある若年労働人口に強いているといわれる。老年期を歴史的にみようとする立場からは、昔はよかったという物語となる。つまり、はるか以前、はっきりとしない遠い「過去の時代」には老年期まで生きた人々は少なかったので、今日とは異なり高齢者は家族から大事にされ、尊敬され、やさしく支えてもらっていたと話は続く。

本書は老年期の真の歴史を伝えることで、この社会通念に挑戦する。過去の社会は、今日の社会よりもはるかに貧しかったのであるが、多くの高齢者を支えていた。十八世紀においてさえ、イギリス、フランス、スペインでは人口の少なくとも十％は六十歳以上であった。

（『老人の歴史』木下康仁訳、東洋書林、9頁）

＊

『老人の歴史』は古代ギリシア・ローマ時代から二〇世紀まで、おもに西洋社会で老人はどのような存在だったのかを明かす論文集である。編者のセインはロンドン大学教授だが、他の執筆者の所属はテルアビブ大学やインディアナ大学、ニューヨーク市立大学など、所属する大学の所在国はさまざまだ。

図版も豊富で四〇〇ページを越えるこの本を通読すると、ボーヴォワールがいうように、老人はいつの時代も必ずしもたいせつにあつかわれてきたわけではないということがよくわかる。現代の日本では老人の孤立・孤独が問題にされる。誰にも看取られずに死んでいく「孤独死」がたいへんな不幸であるかのようにいわれる。また、それは日本社会の欧米化や核家族化、個人主義化がもたらしたネガティブな側面であるかのように語られることもある。その反動として、二世代、三世代の同居を行政が推奨し、そうした拡大家族には補助金などを支給すべきだという保守派の意見もある。

しかし『老人の歴史』によると、近代のヨーロッパでも、若者が仕事を求めて他の地域や他の国に移動し、故郷に残された親が孤立化していくことは珍しくなかったという。セインは次のように述べる。

産業化以前の北ヨーロッパでは、子供の家で快適に援助される生活は高齢者にとって望み得なかった。南ヨーロッパでは地域によって多世代が一緒に暮らす形態が北ヨーロッパより広範にみられたが、これは親孝行の表れであると同時に貧困の結果でもあり、この関係をロマンチックに受け止めるべきではない。（16頁）

少なくとも、「昔は老人にも優しい暖かな社会で、現代は冷たい社会である」というようなステレオタイプな考え方は歴史の事実に反するようだ。

生老病死は人間にとって宿命的な苦しみで、誰も逃れることができない。文明の発達によっていくつかの病気は克服できるようになった。衛生観念が発達して、感染症も減った。しかし病気の克服と苦しみの軽減は別問題だ。新しい薬や治療法が発見されて、それによって助かった人は喜ぶだろうが、経済的事情ほかさまざまな理由によりその薬や治療法が使えなかった人は苦しみや悲しみをつのらせる。臓器移植しか延命手段がないといわれた幼い子供を、子供でも移植手術可能な外国で治療を受けさせるために、寄付を呼びかける。わが子の命を救いたいという親の気持ちはよくわかる。その治療を受けさせてあげたいとも思う。しかし一歩引いて考えると、臓器移植はほんとうに人を幸福にしたのだろうかという疑問もわいてくる。医学が進歩して特定の病気は克服できても、その先にある死そのものは克服できない。「なぜ私がこのような病気になるのか。なぜ死ななければならないのか」という苦しみから逃れることはできない。

老いもまた、死と同じく逃れられないものである。人は必ず老いる。どんなに若々しく見えても、やはり年はとる。延命治療と同じく、老いを先延ばしにしても、生きている限り老いはやってくる。老いから逃れるには、若いうちに死ぬしかない。

二〇一七年一月、日本老年学会と日本老年医学会は高齢者の定義を現在の六五歳からではなく、七五歳からへと引き上げる提言を発表した。六五歳から七四歳は准高齢者、九〇歳以上を超高齢者としてはどうか、というのである。その理由は、最近は歳をとっても元気な人が多いから。しかし両学会の提言は、破綻が懸念されている年金の受給を七五歳からにするための伏線ではないか、という声も聞こえる。なにしろ厚生労働省によると、男性の健康寿命は七〇・四二歳、女性は七三・六二歳である（平成二二年）。元気なうちは年金は支給しないということなのかと勘ぐりたくなるのも無理はない。

ボーヴォワールが『老い』を書いたのは一九六〇年代の終わりだった。その後、老化については細胞レベル・遺伝子レベルでさまざまなことがわかってきた。老化とアンチエイジングを研究する京都大学医学部准教授、近藤祥司の『老化はなぜ進むのか』（講談社ブルーバックス）等によると、当初、老化については、加齢による身体の消耗をその原因とする消耗説に代表されるように、はじめはごく素朴に考えられていた。しかし現在では遺伝子のレベルで全身の細胞の老化が進んでいくことがわかっている。老化もまた複雑系なのだ。

ヒトに限らず、哺乳類の細胞は日々生まれ変わる。細胞分裂により、新しい細胞が生まれ、古い細胞は廃棄されていく。爪や髪の毛を思い浮かべれば容易に想像がつく。細胞分裂で新しい細胞が生まれるのに、子供の細胞と老人の細胞は違う。子供の髪の毛は若く、老人の髪の毛は老いた髪の毛だ。細胞が分裂するときにDNAが複製される。この複製は完全なコピーではなくDNAの末端にあるテロメアという信号部分が複製のたびに短くなっていく。複製を繰り返し、もうこれ以上は短くできないとなったら終わりである。

細胞内で活性酸素が形成され、酸化ストレスが老化を促進するというフリーラジカル説も有力だという。よく「活性酸素を防ぐために紫外線を避けましょう」といわれたり、活性酸素を除去する水素水なるものがブームになったりしたこともあったが、酸化ストレスの九割は細胞内のミトコンドリアから発生する。紫外線を避けて、水素水を飲んでも、活性酸素から逃げることはできない。老化は生物としての宿命なのだ。不老不死は洋の東西を問わず古来多くの人が夢見てきたが、不死と同じく不老も不可能だ。寿命が延びたからといって、いつまでも若いわけではなく、歳をとれば相応に老けていく。

ニューヨーク大学のエルコノン・ゴールドバーグは『老いて賢くなる脳』（NHK出版）において、脳には三つの季節があると述べている。「成長」、「成熟」、そして「老化」だ。

成長は生まれる前からはじまって二〇代まで続く。前頭葉の成熟には二〇代おわりまでかかる。成熟のピークをすぎると、こんどは老化がはじまる。脳が全体的に小さくなっていき、空洞は大きくなり、脳溝の切れ込みは浅くなる。脳組織が縮んでいく。老化は映画のフィルムを巻き戻すように、あとから成熟した部分から壊れていく。外界からの刺激を受けとる能力が鈍くなり、精神活動のスピードが落ちる。前頭葉が司っていた、衝動を抑えたり、注意を集中したりということが難しくなる。状況に対して反射的な反応をしてしまう。作業記憶（何らかの認知処理をしている間、それに関係する情報を一時的に保っておくこと）の働きが鈍くなる。精神的なプロセスや気持ちをすばやく切り替えることが難しくなる。注意力が衰え、周囲の環境からひとつを選んで集中させたり、いちどに複数のことを並行させることができなくなる。新しいことを学習する「意味記憶」と、具体的なできごとについての「エピソード記憶」の両方がだめになる。このようにゴールドバーグはいう。平均寿命で考えると、脳の人生の過半の時間は「老化」である。

これを読むと、高齢者の運転による自動車事故が多いのも納得できる。自動車の運転とは、前後左右に気を配りながらアクセルやハンドル、そしてブレーキ等を操作し、なおかつ交通法規等も意識しつつ、目的地に向かうことだから。さらに同乗者との会話やラジオ、そしてカーナビに表示される地図にまで注意を向けながら一連の動作を続けることになる。まさにマルチタスク。高齢化する脳がもっとも苦手とすることだ。

もっとも、ゴールドバーグの本のタイトルが『老いて賢くなる脳』とあるように、老化は悪いニュースばかりではない（原題は"The Wisdom Paradox How Your Mind Can Grow Stronger As Your Brain Grows Older"）。加齢とともにパターン認識能力は増すというのである。パターン認識とは、はじめて遭遇する事柄であっても、過去に経験した類似の事例の記憶から推測して効率よく認識する能力だ。経験の蓄積によって認識できるパターンが増えて、精度も効率も上がるというのである。ゴールドバーグは芸術家が老いてもすぐれた創作を続け、困難な状況のなかで老練な政治家が最良の選択をするのは、このパターン認識力、いいかえれば知恵があるからだという。すでに二〇〇〇年前、キケローが主張したことだ。

とはいえ、老いはまだ完全に解明されたわけではなく、謎も多い。遺伝子レベルでの研究は、これからまだまだ進むだろう。アンチエイジング、つまり老化に抵抗する学問を研究する科学者も多い。それだけ多くの人が関心を持ち、企業もビジネスチャンスをこの分野に見いだそうとしている。

いまのところ、あらゆる病いを乗り越えたところで、せいぜい長生きできて一二〇歳というのが、多くの学者が考えるところだという。平均寿命はどんどん延びてきたのだから、これからも延びるだろうと考えたくなるが、延びたのは「平均」であって、最高齢の寿命が延びたわけではない。昔も今も、長生きする人は一〇〇歳近くまで生きた。平均寿命が延びたのは妊娠・出産と赤ん坊の死亡率が近代以降劇的に低下したから。四苦でいうと、「病」はかなり改善したけれども、やはり「老」そのものは克服できない。

ボーヴォワールは『老い』の第一部第二章と第三章で、未開社会および歴史社会において老いがどのように扱われてきたのかを検討した。

続く第四章「現代社会における老い」を、「誰でも知っているとおり、今日、老人たちの境涯は言語道断なものである」という一文からはじめる。ではなぜその言語道断な状況を社会は黙認するのか、とボーヴォワールは問う。そして、サルトルの『弁証法的理性批判』から「理解の基礎はあらゆる企てとの原則的連累関係《コンプリシテ》である。それぞれの目的は、それが意味されるやいなや、すべての人間的目的の有機的統一から浮き出るのだ」という言葉を引いた上で、社会のなかで老人と非老人の間で相互性が成り立たないということを指摘する。

> サルトルによれば、相互性は次のことを含んでいる、（一）《他者》が一つの超越的目的

の手段であること、（二）私が私の全体化的投企に他者を客体《オブジェ》として組みいれると同時に彼を実践として認めること、（三）私が私の諸目的に向かって自らを投企する運動のなかに、他者が彼の諸目的に向かう運動を認めること、（四）私が他者の諸目的の客体および道具としての自分を見いだすのは、私の諸目的のために客体的道具として他者を構成する行為そのものによること、以上である。このような関係においては、各自は他者から現実の一様相を盗みとり、他者《かれ》にその諸限界を認識させるのである、たとえば知識人は手を使う労働者を前にするとき、知識人としての自己を認識する。（上巻252頁）

ところが成年と老人の関係で起きるのは逆なのだとボーヴォワールはいう。

老人は――例外を除いて――もはや何事も行なわない。彼はプラクシス〔実践〕によってではなく、エクシス〔状態〕によって定義される。時間は彼を一つの目標《ファン》〔終末〕――死――に向かって運ぶが、それは彼の目標《ファン》ではない、つまりなんらかの投企によって措定されたものではない。それだからこそ、彼は現役の人びとにとって、彼らがそのなかに自己を認めない「異種族」のごときものとみえるのである。老いが人に生理学的嫌悪を起こさせることはすでに述べた。人は一種の自己防御から、老いを自分の遠くへ投げ棄てるのだ。しかしこのような〔老いの〕除外が可能なのは、あらゆる企てとの原則的連累関係が

老人の場合はもはやはたらかないからこそなのである。（上巻252頁）

きわめてサルトル的な、実存主義的な解釈である。これをうんと敷衍して、わたしたちの日常用語に翻訳すると次のようになる。

「老人たちは望んで老人になったわけではないし、老人になったことに満足しているわけでもない。だからいまだ老人になっていない者たちは、『ああはなりたくないものだ』と思って老人たちを見ているし、まさに『異種族』だと思っている。だからわたしたちは老人に冷淡でいられるし、老人をめぐる諸問題について、その深刻さにかかわらずどこか他人事だ」

ボーヴォワールはいう。

「老人は社会からみれば猶予期間中の死者にすぎないのである」（253頁）

残酷だが、図星ではないか？

成人の老齢者たちに対する実際的態度を特徴づけるのは、その偽善性〔二枚舌的性格〕である。前述《さき》にみたように過去数世紀にわたって確立された道徳は老人を尊敬するように命じるのだが、この公認の道徳に成人はある程度まで服従する。しかし彼の利益は、老人たちを劣った存在として扱い、彼らにその権威失墜を信じさせることにある。（上巻253頁）

老人は老人らしくふるまうよう要求され、社会が作り上げたイメージから外れることを許されない。とりわけ性の領域においては、とボーヴォワールは述べる。

これも今日の日本でよく聞かれることだ。「いつまでも若々しく」などといいながら、たとえば老いて伴侶を失い、独身となった父や母が、新たに恋愛するとなると、たちまち子や孫たちから非難を浴びる。ときには「気持ち悪い」などという罵声も含めて。そこには遺産相続をめぐる欲望が渦巻くだけでなく、「老人らしさ」から外れること、「老人は性愛と無縁である」というイメージから外れることへの反発と恐怖が込められている。

ボーヴォワールの『老い』第二部は「世界＝内＝存在」と名づけられている。これはもともとハイデガーの用語だ。とりあえずここでは「人間（現存在）はただ在るのではなく、世界の中に在る」というぐらいの意味としておこう。たぶんハイデガーについては「生老病死」の「生」について検討するとき、ふたたび帰ってこなければならないだろうから。

なぜ「世界＝内＝存在」なのか。ボーヴォワールは、

われわれは第一部において、年取った人間を、科学、歴史、社会の対象であるかぎりにおいて考察した、すなわち、彼を外面から叙述した。しかし年取った人間は、自己の状況

を内面的に把握し、それに反応する主体でもあるのだ。（下巻331頁）

と述べる。第二部では、老人が自らの老いについてどのように自覚し、どのような反応をするのか、大量の文学作品や作家の独白、あるいは身近な人びとなど、さまざまな実例をもとに考察していく。ボーヴォワールのことばを借りるなら「彼がいかに彼の老いを生きるか」。

老いは突然やってくる。それは他者から見ると奇妙な事態だが、自分にとっての老いは突然なのだ。ボーヴォワールはゲーテを引いて、

「老齢はわれわれを不意に捉える」

という。

他者から見れば、人は少しずつ老いていく。他人は漸進的に老いていくのである。白髪が増え、髪が薄くなり、皺が増え、皮膚が干からびていく。動作が緩慢になり、腰が曲がり、膝が伸びなくなる。忘れっぽくなり、怒りっぽくなる。その変化はなだらかな坂を下りるようにゆっくりしている。ところが自己にとってはそうではない。ある日、突然、老人である自分を発見する。

「普遍的時間の経過が個人的変身に到達するということ」

とボーヴォワールはいう。

よくあること、しかし奇妙なことである。

成人は自分の年齢を意識しない、とボーヴォワールは指摘している。わたしたちは子供のころ、いつも周囲の大人たちから「いくつ?」「何歳?」「何年生?」と問われ続けて育つ。不器用に人差し指と中指と薬指を立て、親指と小指を曲げて、「三歳です」と答え、そのたびに「自分は三歳なのだ」「二年生なのだ」と確認する。三歳としての自分、一〇歳としての自分、小学六年生としての自分を意識していく。こうした「年齢と自意識」は、おそらく社会人になって二、三年たつまで続くだろう。学校を卒業すると、「新入社員ですか?」「入社何年目?」と質問を浴びる。しかし、やがて自分の年齢を考えなくなる。

年齢という観念は、人が過去をふりかえり、決算をすることを予想するものだが、青・壮年期におけるわれわれは未来に向かって、一日一日、一年一年と知らずしらずのうちに進んでいく。

(下巻333頁)

フッサールは『内的時間意識の現象学』において、「過去把持」ということばを使い、絶対的な時間の流れと内的時間意識の違いについて考察している。わたしたちは過去を記憶しながら生きている。ただしそれは絶対的な時間の流れに即して秒刻みで記録されたものではなく、濃淡を持っている。忘却と記憶はまだら状で、絶対的な時間とは違って伸び縮みしている。ときには偽の記憶も入り込む。他者は絶対的な時間の中であなたを見ていて、あなたは内的時間意識の中で自己を見ている。老いのとまどいとは、そのギャップを突きつけられたときの衝撃である。

人は「老いはしかたないもの。生きているかぎりは必然的なもの」と理性ではわかりつつ、しかし感性ではそれを受け容れられない。不機嫌そうな老人が多いのは、このためだろう。老いることとは、日常の中で頻繁にギャップを突きつけられることなのだから。電車で席を譲られた、デパートの店員が年寄りあつかいした、美容院で出される雑誌がシニア向けのものだった、等々。わたしたちは老いの過程で「世界」を突きつけられる。

当人にとっての老いの不条理感は、たとえばガンなどにかかったときの感覚と似ている。一定程度の割合でガンになることを理性ではわかっている。ガンにならなくても、いつかは死なねばならないとわかっている。それにもかかわらず、ガンになると「なんでじぶんが」と、まるでじぶんだけが不運であるかのように嘆く。老いもそうだ。いつかは老人になるとわかっていたはずだ。誕生日が来るたびに、老人に一歩一歩近づいていると意識したはずだ。あるいは、すでに老人になったのだ、もう若くないのだとわかっているはずだ。なのに「老人になってしまった」「年をとってしまった」と、まるで不当な目に遭ったかのように嘆き、悲しむ。なかなか老いたじぶんを受け容れることができない。

ボーヴォワールは自分自身のある体験について触れている。五〇歳のとき、あるアメリカ人女子学生からその友人のことばを告げられて、愕然としたという。女子学生の友人はこういったというのだ。

「じゃあ、ボーヴォワールって、もう老女《ばばあ》なのね！」（下巻339頁）

現代日本で「じじい（爺）」は他者についてだけでなく、じぶんを形容するときなかば自虐的に使われることがあるが、「老女《ばばあ》」はそうではない。せいぜいが「おばさん」止まりである。森高千里は「わたしがおばさんになっても」と歌うけれども、「わたしが老女《ばばあ》になっても」とは歌わない。

文学作品のなかでも、実人生においても、自分の老いを快く思う女性には私は一人も出会ったことがない。「美しい老婆」と人はけっして言わないのも道理であり、せいぜい「感じのいいお婆さん」と言うぐらいである。ところがある種の「美しい老人（男性）」は人びとの感嘆の的となる。というのも、雄は獲物ではないからである。彼は初々しさとか、優しさとか、優美さなどを要求されることはない。彼が要求されるのは、征服する主体としての力と知性なのである。白髪もしわも、この男性の理想像と矛盾しない。

（下巻350頁）

加齢、老いにおける男女の非対称性については、もっと考えなければならない。

「生物学的には男性のほうが不利であり、社会的には、色情的客体であるという条件が女性を不利にしている」

とボーヴォワールはいう。

他者から見た絶対的な時間の経過と、自己の内的時間意識のギャップは、どこかで埋めなければならない。それが「もう老女《ばばあ》なのね！」というほど残酷なことばではないにしても。ボーヴォワールはジュアンドー（マルセル、一八八八〜一九七九）の愉快な、そして示唆に満ちたことばを紹介する。七〇歳のとき、彼はこういった。

「半世紀のあいだおれは二十歳でありつづけた。いまやこの不当所得を返上するときがきた」

借りは一気に返済しなければならない。

ボーヴォワールのこの本には、老いについての名言がたくさん出てくる。

「老いは難破である」　シャトーブリヤン

（下巻352頁）

「あの灰色の髪の男が自分とは思えない。このわたしが六八歳だなんてことがありうるだろうか？」　ワーグナー

（下巻352頁）

「ああ、まったく、鏡のなかの自分に出会いたくないものだ。あのたるんだ隈のなかの両

眼、こけた頰、どんよりした眼付。ぞっとするような顔だ。それがわたしをたまらなく憂鬱にする」　ジィド

（下巻352頁）

「（「年取るとはなんと厭なことだろう」と言ったレオトーに答えて）その話はしないでくれ。わたしはひげを剃る時以外は決して鏡を見ないことにしている」　ヴァレリー

（下巻353頁）

だがボーヴォワールは、

アラゴンが「わたしはわたしの手に銅色の年齢のしみがあらわれるのを見てぞっとする」と書くとき、彼に嫌悪をもよおさせるのはこれらのしみそのものではなく、それらがあらわに示す老齢なのである。

（下巻353頁）

と書いている。

ボーヴォワールは指摘していないが、老いについての外と内とのギャップには資本主義経済ならではのバイアスもかかっているかもしれない。最近でこそ「高齢富裕層の財布を狙え」と

いう声が聞こえるが、基本的に消費社会は若い消費者を中心的な対象にしている。たとえばファッション商品は若者向けが多い。繁華街を歩くと、若者向けのショップはたくさんあるが、高齢者向けは少ない。あっても、ひどく地味だ。デパートのなかを見て歩くと、若者向けの売場ははなやかだが、中高年向けの売場はひっそりしている。なんというか、「人生を下りた」感が否めない。そう、多くの企業にとって、老いた人は、消費社会からはずれてしまっている。彼らは、お金を持っているかもしれないけれども、そのお金を使おうとしない人びとである。高齢化社会では高齢者向けの商品が売れるというが、しかし、たとえば介護用品を選び、購入するのは、介護を受ける高齢者ではなく、介護する者である。まれに五〇代の女性が二〇代、三〇代と同じような服を着ると「イタい」と陰口をたたかれる。しかしデパートが用意する「年相応」の服は、かつて若いころ新しい服に袖を通すたびに感じていたようなエロティックな喜びをもたらしてくれない。かくして、人は年齢とともに消費社会の周縁的な部分に追いやられる。先にも述べたように、消費社会にあるのは二人称と三人称の老いで、一人称の老いは存在しない。

ボーヴォワールは老いと性について考察する。ふだんわたしたちは、老人と性を結びつけて語る機会がほとんどない。ときおり、独居する高齢者が訪問ヘルパーにカネを貢いだとか、老人ホームや老人サークル内での恋愛事件だとか、あるいは認知症老人によるセクハラだとかが話題になることはあるが、老人の性はまるで存在しないもののように扱われる。おそらくそれは、子が老いた親の性を直視したくないからだろう。親がわが子の性を直視したくないのと同じように。

しかし、性愛は生殖機能と結びついたものだが、人間は加齢によって生殖機能を失っても性愛から逃れることができない。これはひとつの苦であり不幸だともいえる。

ボーヴォワールは「助平爺」ということばが「大衆の好む決まり文句」だと指摘する。高齢にもかかわらず異性に関心を持つ（ときとしてそれはじぶんよりもはるかに若い対象に向けられる）男は、文学や絵画で滑稽な題材として扱われてきた。それは逆にいうと、「助平」ではない爺と婆が、性愛とは無縁の高齢男女が、標準的なもの、理想的なものと考えられてきたからだ。だが現実はそうではない。枯れるのは難しい。

「はめまら（歯・目・魔羅）」という俗語もあるように、老化は歯や目、そして性的能力の減退から自覚される。老化一般についてそうであるように、性の面でも個人差は大きい。肉体的にも精神的にも。しかも精神的な面ではかなり複雑だ。ボーヴォワールは「幸福な性生活を持った者でも、その継続を望まない理由を持つことがある」として、たとえば「自分自身に対する自己愛的（ナルシズム）な関係」を挙げる。容貌の衰えたじぶんの肉体に対する嫌悪、それも「自分の肉体に対する嫌悪を他者が感じること」という、いかにも対他的存在としての人間の持つ嫌悪と恐れが、老人を性から遠ざけるというのだ。性愛のそのときにおいて、わたしたちは他者の肉体を媒介にしてじぶんの肉体を感じる。

他者とのセックスから遠ざかっても、性欲がなくなるわけではない。「助平爺」でなくても性欲はある。ボーヴォワールは老人のオナニーについても触れている。老人の性愛の複雑さについては、永井荷風や谷崎潤一郎の小説を思い出すとわかる。

性欲がなくならないのと同じく、嫉妬もなくならない。いや、高齢になればなるほど嫉妬は強くなるのかもしれない。性欲だけでなく、名誉欲や独占欲、金銭欲など、あらゆる欲望について嫉妬が激しくなる老人が少なからずいる。『老い』ではトルストイやユーゴーの晩年と、その配偶者たちの嫉妬についてこれでもかこれでもかというぐらい細かく紹介している。人は老いても煩悩から自由になれない。


老いるとは、結局のところ、時間の問題なのだ。あるいは時間意識の問題なのだ。おそらく人間以外の動物は、じぶんが老いたと感じることはないだろう。彼らには現在しかないのだから。老犬が現在のじぶんを過去のじぶんと比較して「若いころはもっと速く走れたのになあ」と考えるとは思えない。若い犬に「いま」しかないのと同じく、老いた犬にも「いま」しか存在しない。不幸なことに、人間には過去があり、未来がある。

人間にとって、死ぬのはいつも他人であり、人はじぶんの死を経験することができない。経験しようとする瞬間に自己は失われてしまっている。死には二人称の死と三人称の死しかない。

ところが老いは違う。三人称の老いがあり、二人称の老いがあり、一人称の老いがある。その感じられかたと変化の速度はそれぞれ違う。

よくある笑い話をひとつ。

「五〇年ぶりに高校の同窓会に行ったよ。じいさんとばあさんばっかりだった」

そう笑う自分自身が「じいさん」になったとは思っていない。いや、思っていないはずはないのだが、心底実感しているとはいえない。「(元同級生たちは老けたけど)じぶんはまだまだ若い(はずだ)」とどこかで思っている。しかし、この「はずだ」には確信と疑念が同居している。「お若く見えますね」と他人からいわれたとき、それがお世辞だと思いつつも、心のどこかでは「そうだろう? まだまだ若いだろう?」と思う気持ちもある。しかし、人は赤の他人の年齢を外見で判断するとき、それほど大きくは外さないものだ。「お若く見えますね。とても七七歳には見えません。せいぜい七六歳かと思いました」というのが本音なのだ。

一人称の老いは突然やってくる。ある日、鏡を見ると、そこに見知らぬ老人がいる。驚いて手の甲に視線を移すと、縮緬のような皺に覆われているのを発見する。ホテルのトイレを出るとき、全身が映る鏡を見て一瞬じぶんだとは気づかない。どこの老人かと思う。声がかれる。階段で息切れする。家族と話していて固有名詞が出ない。そうやって老いはやってくる。

だがその老いは、若かったじぶんとの比較においてあらわれる。鏡をのぞき込もうとするとき、イメージしているのは過去のじぶんだ。五年前の、一〇年前の、じぶんの顔がそこにあるだろうと思ってのぞき込む。記憶のなかのじぶんと、いま鏡のなかにいるじぶんとのギャップにショックを受ける。記憶は宿痾、あるいは業のようなものだ。若いときの記憶がなければ、老いは苦しみではないだろう。

ビジネスの世界では「成功体験が判断を誤らせる」といわれる。かつてこの方法で成功したのだから、こんどもまた同じ方法で成功するだろうと判断することだ。確かにパターン認識は老人の知恵であり、若者よりも優れた面のひとつである。経験の蓄積をいわばテンプレートのようにしてストックしておけば、さまざまな事態にそれをあてはめて素早く対処することができる。しかし状況は常に変わる。過去と現在とでは諸条件が異なる。条件が変わったことを認識できなかったり、条件が変わっているのにテンプレートが使えると判断してしまって、結果的に失敗する。シャープや東芝など、多くの大企業が陥ったのは成功体験による判断の過ちだ。それは鏡に映るのが二〇年前の自分だろうと信じて疑わない老人のようなものである。

老いとは時間の経過であり、身体の変化でしかない。老いそのものは苦でも楽でもないはずだ。七〇歳の身体には七〇歳の身体があるだけで、そのことが不幸であるわけではない。たとえ病気で苦しんでいるとしても、それは病いがもたらす苦であり、老いがもたらす苦ではない。「いま」「現在」だけに注目すれば、老いは価値中立的なものである。言語学者は「ことばが乱れる」といわない。たとえば「ら抜きことば」が増えたり、「ちがくて」という人が増えたりしても、ことばが乱れるとはいわない。言語学者たちは「変化する」という。

ボーヴォワールは次のように述べる。

生きてあること〔実存すること〕、それは人間存在にとっては、己れを時間化することである。すなわち、現在において、われわれはわれわれの過去を乗り越える投企《くわだて》によって未来を志向する、そしてこの過去のなかにわれわれのもろもろの活動は落ちこみ、惰性態と化したもろもろの要求を背負ったまま、凝固する。ところで、年齢は時間に対するわれわれの関係を変える、すなわち年月を経るにつれてわれわれの過去は重たくなり、われわれの未来は短くなるのだ。人は老人を次のように定義しうるだろう、自分の背後に長い人生をもち、前方にはきわめて限られた存続の希望しかもたない者である、と。こうした変化がもたらす諸結果は互いに影響し合って一つの状況を生みだす、そしてこの状況は当人のそれまでの歴史《みのうえ》によってさまざまに異なるが、それらから幾つかの共通点を引きだすことはできる。

（下巻427頁）

ボーヴォワールの、そして彼女が引用するサルトルの考えでは、生きることと自己を時間化することとは一体化している。わたしたちは自己を時間化せずに生きることができない。そこに苦しみの根源がある。ブッダが老いを病いや死とともに苦＝意のままにならないことのひとつと捉えたのは、時間化した自己のなかに苦しみがあるからだろう。時間化された自己についての意識のなかで、わたしたちは過去と現在をつい比較してしまう。顔のシミは、老いのあらわれのひとつである。若かったころにはなかったものだ。若かった日の顔と現在の顔を比較し、その劣化を嘆き悲しむ。

また、過去を通じて現在を見るとき、わたしたちは同時に、過去―現在と続いたベクトルの上に未来を見てしまう。

「現在において、われわれはわれわれの過去を乗り越える投企によって未来を志向する」

かつて未来を志向することは希望に満ちたものだった。昨日できなかったことが、今日はできるようになっている、というのが若さなのだから。そのベクトルを伸ばせば、今日できないことも明日はできるようになる。来週は、来月は、来年は、三年後は、一〇年後は、と希望は高まる。

わたしには経験がないが、小学校などで児童に未来のじぶんに向けて手紙を書くという課題を与えることがあるそうだ。タイムカプセルに入れて校庭の隅に埋めるというイベントもひところ流行した。そこで措定されている未来のじぶんは、青年期からせいぜい働き盛りの大人であるじぶんだろう。後期高齢者となり、背中が曲がり、目はかすみ、記憶は衰え、膝や腰に痛みを抱えるじぶんではないだろう。

しかし、人生には盛りがあり、盛りを過ぎるとあとは下り坂だ。もし七〇歳の老人が未来のじぶんに向けて手紙を書くなら、どんなことを書けばいいのか。認知症になり徘徊するじぶんに掛けることばはあるか。全身にチューブをつながれ寝たきりで虚空を見つめるじぶんに送るメッセージはあるだろうか。

投企によって未来を志向する、ということばがポジティブに響くのは、人生が上り坂のときだけだ。

もっとも、そう考えることはばかげている。人はいつ死ぬかわからないからだ。上り坂の途中であろうと、下り坂にさしかかっていようと、明日は死ぬかもしれないということにおいて違いはない。死ぬのは老人だけではない。未来のじぶんに向けて手紙を書いた小学生も、大人になる前に死んでしまうかもしれない。

ボーヴォワールは老人を、

「自分の背後に長い人生をもち、前方にはきわめて限られた存続の希望しかもたない者である」

と定義する。

しかし背後の長い人生は、すでに過ぎ去った時間であり、記憶としてあるにすぎない。記憶は曖昧であてにならず、現在から見て都合よくゆがめられている。先方の「存続の希望」も、かつてそれが無限に広がっているように思えたのは錯覚にすぎない。若いときだって、それは「きわめて限られた」ものだったのだ。人は過去に捉えられ、限定された未来を志向する。

生き残りの人間、それは他人の眼には、執行猶予中の死者だ。しかし彼自身は自分をそのように見ているのだろうか？　彼は彼の死の近さをどのように感じるのか？

社会的背景《コンテクスト》が死に対する老人の関係に影響する。ある種の社会では、生理的悲惨によって、あるいは周囲の状況のために生きるのが厭になって、住民全体が無関心のうちに死滅することがあるが、その場合は死は誰にとっても問題とはならない。また他の社会では、住民は老年期にはいると死を価値あらしめる祭式にとりまかれ、そのために死が望ましく思われるようになる――もっとも幾人かの個人はそれを逃れたいと望むが。また、父親が自分の事業《しごと》は子孫によって継続されると期待できる伝統的社会と、今日の工業的社会とでは、死は同じ相貌を示さない。しかしながら死には超歴史的要素が存在する、すなわち、われわれの肉体《オルガニスム》を破壊することによってそれは世界のなかのわれわれの存在を無にするのだ。古代から現在に至るまで、死を前にした老人たちの態度を叙述するもろもろの証言には恒常的要素が存在するのである。

（下巻518頁）

自己の死に対する意識――時間についての意識、あるいは記憶といいかえてもいいだろう――は、社会的背景に影響される、というのは重要な指摘だ。現代のわたしたちが、老いたくないと思うのは、現代における老いが惨めなもの、つらいものと捉えられているからだ。老いは個人的なものであると同時に社会的なものでもある。「いま」「ここ」だけを見ていれば老いの苦しみなどないはずだが、社会は老人および将来の老人たちが「いま」「ここ」だけに集中することを許さない。

しかし、そうした社会的歴史的差異を措いても、肉体の消滅、世界のなかの存在としての自己の消滅という意味での死を前にした老人の態度には、共通したものがあるはずだとボーヴォワールはいう。そして、ビクトル・ユーゴーやアナトール・フランス、チャーチル、ガンジー、シャトーブリヤンなど、さまざまな人びとの晩年について書く。ある者は無気力におちいり、ある者は名誉欲にとりつかれる。

それもこれも、過去へのこだわり、記憶へのこだわり、時間へのこだわりがなせるものだ。サルトルは「人間は自由という刑に処せられている」といったが、たんに自由であるだけでなく時間（と記憶）というくびき、桎梏もついた刑なのである。

第4章 生について

1　ハイデガー『存在と時間』を読みながら

四苦のうちの「生」は、「せい」ではなく「しょう」と読む。同じ字だが、「せい」と「しょう」では意味が違う。「しょう」は「生じる」「生ずる」。「生きること」ではなく「生まれること」「発生すること」である。

手近な和英辞典によると、「生きる」は英語で live, exist, subsist など。「生きるか死ぬか」は to live, or to die。シェイクスピアの to be, or not to be を「生きるか死ぬか」と訳した人もいるが、「なすべきか、なさざるべきか」「あるべきか、あらざるべきか」という訳もある。be を「生きる」と解釈すると、ハムレットが死を賭けて復讐することを意味するし、「なす」と解釈すれば復讐という行為を意味する。「あるべき」なのはハムレット自身か、それとも復讐の対象である叔父と母なのか。

同じく英和辞典で「生まれる」を引くと be born, come into, see the light など。「生じる」は result, issue など。

「生きる」と「生まれる」は似ているが、live と born ではずいぶん違う。

四苦のうち、「老い」と「病い」、そして「死」が、「苦」すなわち、思うようにならないものであることは理解できる。しかし、ブッダは、そもそも生まれることそのものが苦なのだといった。それは「生まれたことが、苦難のはじまり」とか、「人生は苦しいことの連続だ」とか、「生きることは苦しいことだ」などといった、いかにも通俗的な人生訓とは違うだろう。

生まれるのはわたしたち主体だけでない。あらゆる現象が生まれる。世界が生まれることそれ自体が、思うようにならないこと、どうにもならないことである。

ただしブッダは、四苦八苦をネガティブなものとしてとらえていたわけではない。思うようにならないもの、思うようにならないことによって苦しみをもたらすものは、その原因をよく観察すればそこから逃れることができると考えた。

『ブッダのことば　スッタニパータ』（中村元訳、岩波文庫）は次のようにいう。

> 世間には種々なる苦しみがあるが、それらは生存の素因にもとづいて生起する。実に愚者は知らないで生存の素因をつくり、くり返し苦しみを受ける。それ故に、知り明《ママ》らめて、苦しみの生ずる原因を観察し、再生の素因をつくるな。
> （728）

「生」は「生きること」ではなく「生まれること」であるが、では、「生きることと」と「生まれること」はどのように違うのだろう。

「ない」ところに「ある」が出現するのが「生まれること」。「ある」が持続するだけでは「生きる」とはいわないだろう。わたしたちは機械についても「生きている」ということがある。たとえば講演会場で音響機器の準備をしていて「このマイクは生きている（＝使うことができる）」というふうに。たんに物体として「ある」状態とは区別している。

「生き物」はたんに存在しているだけでなく、変化し続けている。食べ物をとり、エネルギーに変える。細胞が常に入れ替わる。老人は若者の細胞がそのまま古く脆くなっているわけではない。老人の細胞も常に入れ替わっている。そうでなければ、傷も治らない。「老い」は変化の別名である。同様に「病い」も変化だ。「死」は、プロセスではなく、生きていたもの（変化し続けていたもの）が変化をやめることについての抽象的な観念である。たしかにわたしたちは日常会話で「死んでいる」ということがあるけれども（たとえばミステリー小説で死体が発見されたとき、「死んでいます」「死んでるわ」と登場人物はいう）、それは「すでに死んだ、生きることをやめて物体と化した、誰それの肉体がある」という意味であって、「死」そのものが持続しているという意味ではない。「死」は抽象的な概念であって、持続できない。

「死」と同様に「生」も抽象的な概念である。なんらかの事態が生じるとき、それが起きてしまったときは、すでに「ある」。「ない」が「ある」になる瞬間そのものは時間の厚みをもたない。「（これから）生まれる」はまだ生まれておらず、「生まれた」はすでに生まれている。日常会話で「（いま）生まれている」ということもあるが、それは「生まれる」という現象が次から次へと起きる、あるいは「いままさに生まれようとしている」状態であって、「ない」が「ある」になる瞬間が引きのばされているわけではない。

ハイデガー『存在と時間』はプラトンの『ソフィスト』からのギリシア語による引用からはじまる（以下、『存在と時間』からの引用は熊野純彦訳、岩波文庫版から）。

というのも、「存在する」という表現をつかう場合、じぶんたちがそもそもなにを意味しているのか、きみたちのほうがやはり、ずっとまえからよく知っているのはあきらかだからだ。私たちの側はどうかといえば、以前にはそれでも理解していると信じていたにもかかわらず、いまでは困惑してしまっている。　（（一）67頁）

「存在する」とはどういうことなのか。存在の意味への問いをあらためて設定することが必要なのだ、とハイデガーはいう。存在と「いっさいの存在了解一般を可能にする地平として時間を解釈することが、その当座の目標となるのである」と。「時間」には傍点が振られている。「存在する」、ドイツ語の sein は、英語の is である。ハムレットの to be,or not to be の be だ。to be は「存在すること」。

『存在と時間』を読んでいると、「そのつどすでに」と「つねにすでに」という副詞句が頻繁に出てくるのが気になる。「そのつどすでに」はje schon、「つねにすでに」はimmer schon。

たとえば、

私たちはそのつどすでに或る存在了解のなかで生き、しかも同時に、存在の意味は暗がりのうちに蔽《おお》われている。

（一）80頁）

存在の意味が、だから私たちにとって、すでになんらかの様式で手の届くものとなっていなければならない。さきに暗示されたのは、私たちがつねにすでになんらかの存在了解のうちで動いていることである。この存在了解から存在の意味への明示的な問いが生まれ、存在の概念へと向かう傾向が育まれる。

（一）85頁）

というふうに。

「つねにすでに」について熊野は注解で「事後的に気づいたときには、いつでもあらかじめ、というほどの意味で、事柄の先行性と受動性を表現している」と述べている。schonは「既に、（それ）だけでもう、（そうでなくても）もう、おくれぬうちに、きっと」など。immerは「つねに、絶えず、いつ（の場合でも）」。jeは「いつ（の時）でも、どっちみち、以前に、かつて、～ごとに」。

存在は、気づいたときはすでにもう「ある」。だが意識されないときは「ない」。わたしたちはふだん健康でいるとき、じぶんの身体やじぶん自身の存在を意識しない。意識するのは何かあったときで、その「何か」はたいていあまりよくないことだ。怪我をしたとき、病気になったとき、ひどく疲れたときに身体を感じる。あるいは他者の肉体と触れあうとき――これは必ずしもよくないこととは限らない。

「つねにすでに」や「そのつどすでに」には時間が含まれる。意識されたときに初めてのこととして知覚されるのではなく、すでにあったことに気づく。同じ事態がじぶんのなかで反復される。事柄が先行しているのは、じぶんの意識のなかにおいてである。「わたしの手には指があった」と意識するのはこれが初めてではない。生まれてから何度もじぶんの手を見て意識してきた。だがふだんは手のことなんて忘れている。

茶の湯を例に考えてみよう。茶の湯では点前の動作が細かく決まっている。手順だけでなく、茶碗を持つときの手のかたち、茶碗のどこを持つか、持った茶碗の位置など。たとえば指は開かずに閉じる。持った茶碗の高さは、低すぎても高すぎてもいけない。点てた茶を亭主が客に出す位置、飲み終えた茶碗を客が亭主に返す位置も決まっている。手を意識しているうちは、まだ作法が身についていない。稽古を重ねるうちに、点前の手順だけでなく、手のかたちや位置について、意識せずとも自然と動くようになる。しかしそれで終わりではない。手を意識しなくなると、いつのまにか動きが作法からはずれてしまっている。指が開いていたり、持った茶碗の位置が下がっていたりする。稽古では師匠から細かく指摘される。独習する場合は、じぶんで意識するようにする。稽古を繰り返すうちに、やがて意識しなくても作法通りの動きができるようになる――はずだが、わたしはまだまだできない。

あるいは自動車の運転を例に考えてみる。教習所で運転を習い始めたときは、全身がこわばり、動きがぎくしゃくしていたはずだ。ハンドルを握る手に力が入り、アクセルやブレーキのペダルも急に踏みすぎる。いちいち頭の中で次の動作を確認しなければ身体が動かない。「クラッチペダルを踏んで、ギアをファーストに入れて、アクセルペダルを少しだけ踏んで……」というふうに。運転者がぎくしゃくしていると、自動車の動きもぎくしゃくする。免許を取っても初心者のうちはぎくしゃくしている。ところが、やがて慣れるにしたがってスムーズになる。動きがスムーズになったときは、もうハンドルを握る手やアクセルペダルのことを意識していない。「右に曲がりたいのでハンドルを右に回そう」とか、「ハンドルを右回転させれば車も右に曲がる」とか「ハンドルを右に回転させて、タイヤの向きを変え、車を右に曲げよう」などといちいち考えない。「右に曲がろう」と思うと、右ウィンカーを出しながらアクセルペダルから足を離してブレーキペダルをゆっくりと踏み、対向車や横断する歩行者がいないことを確認し、じゅうぶん減速したあとブレーキペダルからアクセルペダルに足を戻してハンドルを右に回す。これら一連の行為を意識せずにやる。しかし、何かの瞬間に、たとえば対向車線をオートバイが近づいてくるのが見えたり（オートバイは距離感がつかみにくいので要注意だ）、反対側の歩道を子供が駆けてくるのが見えたりすると（子供は思わぬ動きをするので要注意だ）、ブレーキペダルを踏んだ足をいまいちど意識したりもする。「そのときすでに」あるいは「つねにすでに」、身体と運動が意識され、時間の経過（はるか遠くに見えていたオートバイが、かなり近くにまで見えている、など）が意識される。

『存在と時間』の序論第２章「存在の問いを仕上げるさいの二重の課題　探求の方法とその概略」、第５節「存在一般の意味を解釈するための地平を発掘することとしての、現存在の存在論的分析論」のなかで、ハイデガーは次のように述べる。

現存在と名づけられる存在者が有する存在の意味として、時間性が提示される。このことの証示は、暫定的に提示された現存在の諸構造を時間性の様態として反復して解釈することで、確証されなければならない。たほう、現存在をそのように時間性として解釈することによって、存在一般の意味へと向けられた主導的な問いに対する答えもまた、すでに与えられることになるわけではない。とはいえたしかに、この答えを獲得するための地盤は、あらかじめ準備されていることになるだろう。　（（一）１３４頁）

「現存在」については第一章第二節のなかで次のように定義している。

> 存在の問いを仕上げるとは、それゆえ、或る存在者——まさに問う存在者——を、その存在において見とおしがよいようにすることにほかならない。存在の問いを問うことは、或る存在者自身の存在様態として、問いにおいて問われているもの——存在——の側から、本質からして規定されている。この存在者は、私たち自身がそのつどそれであるものであり、またとりわけて問うという存在可能性を有するものである。その存在者を、術語的に現存在ととらえよう。存在の意味への問いを明示的に見とおしよく設定するためには、或る存在者（現存在）を、その存在にかんして、先だって適切に解明することが要求されるのである。
> （（一）94頁）

そのつど意識すること、そして、意識することによって生じる時間（という観念）が、存在を存在たらしめている。自己を意識するその瞬間、わたしたちは（そのつど）生まれる。ブッダの「生（しょう）」は、そのように解釈できないだろうか。

「現存在と名づけられる存在者が有する存在の意味として、時間性が提示される」とハイデガーはいう（(二)134頁）。

現存在、つまりこの世界のなかで、自己の存在について了解しつつ存在するわたしたちの存在の意味は、時間性のなかにある。

ここで「時間性」と日本語に訳されているのは、ドイツ語ではZeitlichkeit。ドイツの日常のことばでは「現世、俗世、浮世」のことであり、人生のことであり、「はかないもの」というニュアンスもある。「俗のこと、世俗的生活」という意味も辞書にはある。「現存在」とか「存在者が」とか「時間性」などといわれると、特殊なことのように感じられるが、思い切って超訳すると（超訳は跳躍でもある）、

「わたしたちがあるということは、現世に生きるということさ」

とか、

「浮世に生きるということが、あるということなんだよ」

などといいかえられないだろうか。

「浮世」は「憂き世」でもあり、そこに生き続ける、いつまでもプカプカと浮かび、潮の流れ、風の流れで、あちらこちらへと漂う。気楽なようで、案外つらいものだ。

Zeitlichkeitは、「時間」を意味するZeitに、形容詞や副詞をつくるlichと性質や状態をあらわす抽象名詞つくるkeitがついたことば。しかし、Zeitは日本語の「時」と同様、さまざまな意味がある。「時、時間」、「時刻、日時」という意味だけでなく、「時代、時期、時節」、

「暇」、「現世」などの意味もある。

ちなみに熊野訳で「現存在と名づけられる存在者が有する存在の意味として、時間性が提示される」となっているところは、たとえば辻村公一訳『有と時』（河出書房新社）では「吾々が現有と名づける有るものの有の意味として、時性が挙示される」となっている。

「時間」は「一時、二時」というときの「時《じ》」であり、「いまがその時だ」の「時《とき》」でもある。

古い岩波文庫の桑木務訳では「わたしたちが現存在と呼んでいる存在するものの存在の意味として、時間性が提示されます」となっていた。

わたしたちは時間をある幅のあるものとしてとらえる。だから「時」ではなくて「時・間」だ。瞬間ではなく持続するもの。もっとも、「瞬間」は抽象的な概念であり、数学における数や点や線と同じように、具体的にそれだけを抽出してこの目で見ることはできない。

時間を幅のあるものとしてとらえるのは、わたしたちだ。過去からの継続のうえに「いま」という瞬間があると考え、その延長上に未来があると考える。

ハイデガーはいう。

> 時間が、いっさいの存在了解とあらゆる存在解釈の地平として明るみにもたらされ、純粋に把握されなければならない。この件が見とおされるようにするためには、存在了解の地平としての時間を、存在を理解する現存在の存在である時間性から、根源的に解明する

必要がある。（一一　１３５頁）

そのように獲得された時間概念は、通俗的な時間了解とは違うものだけれども、「その時間了解は、伝統的な時間概念の中に沈殿している、或る時間解釈において顕在的になっているものであって」とハイデガーはいう。わたしたちの日常的な感覚の時間のなかに、時間の秘密は隠されているのだ。

時間はストレスのもとだ。近年、脳とストレス、脳と疲労の関係が、明らかになってきている。たとえば、いま目の前に起きていることではなく、過去や未来についてあれこれ考えてしまう「マインド・ワンダリング（心の迷走）」状態が、疲労の原因となり、鬱病その他を引き起こすともいわれる。

身体は休んでいるはずなのに、脳は活発に動き続けている。そのため疲労が蓄積される。眠れない。眠っても、すぐ目覚めてしまう。あるいは、悪夢にうなされる。

わたしたちは、いやなことがあると、それにいつまでもとらわれてしまう。家族や友だちからかけられたことばが――発した方は悪意がなかったかもしれないが――いつまでも忘れられない。忘れたと思っていても、何かのきっかけで思い出してしまう。夜中に思い出して眠れなくなってしまうこともある。「あのとき、こういいかえせばよかったんだ」などと考えるうちに、だんだん腹が立ってきて、ますます眠れなくなる。そうやってわたしたちは過去にとらわれる。

過去という時間にとらわれる。

いやな過去は「そのつどすでに」「つねにすでに」、現在この瞬間にまとわりつく。思い出すたびに、過去があらたに生成され、怒りや後悔が持続し、拡大していく。「過去」は「いま」つくられる。

ネットの普及にともなって、あるいはメディアの発達にともなって、ストレスは増えていると感じる。たとえばわたしの場合、ネットが普及してから編集者とはメールでやりとりすることが増えた。原稿をメールに添付して送ると、少しして感想などが返ってくる。そのとき編集者の文章に、じぶんでも驚くくらい過敏に反応してしまう。おそらくは、深く考えずに書いたのであろうことばにカチンとくることがある。悪意はなかった、そう思いたい。実際に対面して、笑顔で発せられれば冗談だとわかるようなことばも、メールでは真意が読めず、「これは皮肉なのか」と疑心暗鬼にもなり、だんだんと怒りへと転化していく。

メールには「時間」がない。受けとったとき、読み返すとき、つねにそれは「いま」のものとしてあらわれる。対面であれば「過去」のものなのに。そして、対面した「過去」が、思い出すたびにいやなものとしてよみがえるその強度よりも、もっと強く生々しく、いつも「いまこの瞬間」であるようにメールのメッセージは目の前にあらわれる。精神医学についてのわたしの生半可な知識では、境界例、人格障害といわれる人びとのなかには、こうした時間感覚の喪失がある。何年も前に起きたことや他者にされたことがフラッシュバックするようによみがえり、まるでついさっきされたことのように怒りの感情が吹き出す。だとすればインターネットなどの情報テクノロジーがわたしたちの時間感覚を狂わせ、人格障害的な心理状況に追い込んでいるのかもしれない。

「存在は、そのつど時間に注目することによってだけつかまれうる」とハイデガーはいう（（一）141頁）。時間と関係なく存在をつかまえることはできない。時間がなければ存在もない。まるで宇宙の始まりのような話だ。宇宙の年齢は一三八億年といわれる。宇宙が誕生して時間と空間が生まれた。宇宙が生まれる前は、時間も空間もない。まったくの無だ。存在も時間もない状態を、わたしたちは想像することができない。

また、ハイデガーは次のようにもいう。

> 歴史性という規定は、歴史（世界史的できごと）と呼ばれるものに先だっている。歴史性によって意味されているのは、現存在そのものの「生起」という存在体制であり、この生起にもとづいてはじめて、「世界史」といったもの、歴史的に世界史にぞくするといったことも可能となる。現存在とはそのつどじぶんの事実的な存在にあって、じぶんがすでにどのようにあったかであり、「なに」であったかである。明示的であるかどうかにかかわりなく、現存在はみずからが過ぎ去ったありかたである。
> （（一）144頁）

現存在の歴史性は、歴史に先だつ。これは逆説的に聞こえる。個々の歴史的できごとの積み重なりが歴史性なのだと考えるからだ。しかし、そうではない。歴史性があるから、歴史がある。生起するから、歴史がある。時間があるから、歴史がある。

ならば、歴史の瞬間において、自己についても過去についても未来についても意識しない者にとっては、時間はないことになるのだろうか。「いま・ここ」にしか意識がない者にとって、時間は存在しないのだろうか。

認知症など脳の障害によって記憶が失われることがある。小川洋子の小説『博士が愛した数式』のように、過去の記憶が失われる障害もある。記憶を失った人にとって、時間はどのように把握されるのだろう。

ブッダが説くように、生じることが苦ならば、記憶からの解放＝「生」からの解放は幸福なのだろうか。たしかにマインドフルネスのトレーニングは、脳のなかでエンジンのアイドリングか通奏低音のように活動し続ける部分を休止させることによってストレスを低減させようというものだし、それは坐禅をする際の脳のあり方と似ているようにも思うが、ならば記憶を失うことは幸福なのだろうか。

わたしの知るかぎりでは、アルツハイマー症などで記憶を部分的に失った人は、その欠落にとまどい、困惑し、苦しみ、つらい思いをしているという。「苦からの解放」とは真逆だ。

ならば、わたしたちを縛りつける「生」＝時間＝記憶と、脳の障害によって失われる記憶とは別のものなのだろうか。それとも、苦痛であるように見える脳の障害は、記憶からの解放とは違うものなのだろうか。

小学生の男の子が「もっとじぶんの時間がほしい」というのを聞いて、思わず笑ってしまった。「ぜんぶ君の時間じゃないか」と突っ込みたくなる。

だが、彼の気持ちもわかる。朝、まだ眠いのに起きて、ご飯を食べて学校へ行く。夕方まで学校。学校が終わると塾に行く。電車の中ではゲーム。塾から帰って、晩ごはんを食べて勉強する。それから風呂に入って寝る。いまの子供は忙しい。学習塾のほかに水泳やピアノの教室に通う。野球やサッカーの地域クラブに入っている子も多い。

大人から見ると、学校に行くのも塾に行くのもスポーツクラブで活動するのも、ぜんぶ彼自身のためであり、彼自身の時間だ。だが彼からすると、それは親や学校などによって決められた時間であって、「じぶんの時間」だとは感じられない。たとえ塾やスポーツクラブに「行きたい」「入りたい」といったのが彼自身だとしても。じぶんで決められないのなら、じぶんの時間ではない。彼の感情は正しい。

「じぶんの時間がほしい」という気持ちは、「もっと遊ぶ時間がほしい」ということとはちょっと違う。遊び時間が「じぶんの時間」とは限らない。友だちづきあいが難しいのは大人も子供も同じだ。「ここで断ると、相手は気分を悪くするかもしれない」などと考えて、あまり気が進まないのに、「いいよ、遊ぼう」と約束してしまうことがある。それなりに楽しみながらも、心の半分は「早く終わらないかな」と思っている。大人が付き合い酒をするときと同じようなものだ。その時間は人間関係を円滑にするためのものであり、「じぶんの時間」ではない。

少年にとって「じぶんの時間」とは、その使途をじぶんで決められる時間のことだ。何をしてもいい時間。何もしなくてもいい時間。

わたしは生活の拠点を東京と京都に置いている。月のうち三分の二を東京で、三分の一を京都ですごす。京都と東京では、流れる時間が違うように感じる。京都駅で新幹線を降りて、市営地下鉄に乗り換える。通路をいく人の歩き方がずいぶんゆっくりしているように感じる。速度だけではない。顔はもちろん、全身の表情にゆとりがある。地下鉄烏丸線のホームを歩く人びともゆっくりしている。逆に、新横浜駅や品川駅で新幹線を降り、横浜線や京浜東北線に乗り換えるときは緊張する。誰もが急いでる。小走りの人も多い。顔はこわばっている。不機嫌そうな人も多い。

洛東の「哲学の道」を、現代の哲学者は哲学しながら歩くのだろうか。永観堂の裏から銀閣寺の下まで続くせまい道は信号もなく、小川に沿ってくねくねと曲がる。前方も後方もあまり遠くまでは見通せないので、「もうこれだけ進んだ」「あとどれくらいで終点」という感覚はない。川に沿って歩いているうちに、いつのまにか銀閣寺まで（あるいは若王子まで）来ている。「いま」だけを感じながら歩くことができる。京都の街は道路が碁盤の目のように走り、ほとんどがまっすぐでアップダウンも少ないから、遠くまで見通すことができる。たとえば京都タワーは烏丸御池あたりでも目に入り、「自分がいるのはこのへん」と、想像の上の地図上にピンを立てることができる。トポロジカルな街、という表現は変だが、この街にいると自分の位相を自然と意識する。「上ル・下ル」「西入ル・東入ル」ということばが日常的に使われるように。曲がりくねって先の見通せない哲学の道は例外的だ。

ハイデガーは第七九節の「現存在の時間性と、時間についての配慮的な気づかい」において、次のように述べる。

> 現存在は、その存在者の存在においてこの存在自身が問題である存在者として実存する。その本質からしてみずから自身に先んじて現存在は、じぶん自身に対するたんなる事後的な考察のすべてに先だって、その存在可能へとみずから投企してしまっている。投企にあって現存在は、被投的なものとして露呈されている。投げこまれ、「世界」に引きわたされながら現存在は、配慮的に気づかいつつ「世界」へと頽落しているのである。
>
> （『存在と時間』（四）、339頁）

みずからを投企する現存在、というのは実存主義哲学の考え方だ。サルトルに影響を与えたのもこの部分。「先だって」に傍点がついている。投企には時間の概念がある。投企され世界へと頽落していく一連の流れには時間の経過がある。すべてが同時にあるわけではない。

目くばりによって理解する配慮的な気づかいは時間性にもとづいている。しかも、予期的に保有しながら現在化するという様態における時間性にもとづいているのである。配慮的に気づかいながら勘定し計画し、用意し予防するはたらきとして、目くばりによって理解する配慮的気づかいは――音声として聴かれるにせよ聴かれないにせよ――つねにすでにつぎのように語っているのだ。すなわち、「そのときには」――あれが起こるべきだが、「そのまえに」――これが決着しているべきだし、「いまは」――「あのときには」失敗して取りのがしたことが取りかえされるべきである、ということなのである。（（四）３４０頁）

わたしたちは時間に囚われている。小学生の男の子が「じぶんの時間がほしい」とつぶやくように、未来に、過去に、囚われている。「いまは」は「そのときには」「そのまえに」との関連においてとらえられるが、「そのとき」は必ずしも近い将来ではない。小学生の男の子にとっては、三年後、五年後、一〇年後の未来かもしれない。

そういえば、知人の子供が中学受験を決意したのは、周囲の大人が「いま（受験を）済ませておけば、三年後（の高校受験）、六年後（の大学受験）が楽になる」とアドバイスしたからだった。苦労を先取りしておけば後は楽になる。その延長線上には、「いい大学に入れば、いい会社に就職できて、いい人生が送れるに違いない」という大人の予測がある。だがわたしたちは知っている。「じぶんの時間」を削って勉強にはげんで、いい成績でいい学校に進み、いい会社に入ったとしても、世の中の変化によって「いい会社」が「よくない会社」に転じることがあるし、「いい会社」に入ることが、「いい人生」と等号でつながるとは限らないということを。

北海道で育ったわたしにとって、就職先としての北海道拓殖銀行は、北海道庁や北海道新聞社と同じくらいまぶしい存在で、採用試験を受けてみようなどと考えられないくらい遠い存在だった。その拓銀ですら破綻する。拓銀に就職するなどまったく考えなかったわたしが、なんとかもぐりこんだのは西武百貨店系の洋書店だった。それも就職試験を受けたわけではなく、アルバイトをしていた西武美術館の休み時間のたびに立ち読みしていて、「そんなに本が好きなら、うちの会社で働いてみないか」と誘われたのだった。当時、西武百貨店は文系学生の就職先としては五指に入るぐらいの人気だった。しかし、その西武セゾングループもバブル崩壊後に解体、わたしがいた会社もなくなってしまった。未来の苦労を先取りして緻密な人生設計を立てたつもりでいても、世の中どうなるのかはわからない。その意味では、わたしたちは「そのときには」「そのまえに」と考え、「いまは」最良の選択をしているように思いながら、「そのとき」は不確実で曖昧で、数ある可能性のひとつにすぎないことを忘れている。

作家の宮崎学は「ヤクザは常に最悪の可能性を考えて行動する」と教えてくれたが、しかし、想定した「最悪」よりももっと悪いことだってあるかもしれない。電車は脱線するかもしれないし、津波もやってくるかもしれない。原発はまた事故を起こすかもしれない。


わたしたちは不確実な未来につながれて「いま」を規定されるのと同時に、過去にも囚われている。「ああするんじゃなかった」「あんなことがなければ」という思いで、真夜中に目がさえてしまい、眠れなくなったことは誰にもあるだろう。

自動車の運転免許更新手続きの際に見せられる映像は、「こうするんじゃなかった」「こうしておけばよかった」という後悔のかたまりのようなものだ。飲酒運転やスピード超過はいうまでもなく、一瞬の判断ミスが重大な事故につながる。そもそも自動車になんか乗るんじゃなかった、とも思う。

事故や事件、災害などで大きなショックを受けることがある。肉親や大切な人を失うこともある。そのときは、立ち直ることなど想像もつかない。しかし、いつまでも悲しみにうちひしがれているわけではない。どんなにつらい目に遭った人でも、やがて立ち上がり、また生活を続ける。それはかつてとまったく同じではないにしても、ほとんど回復したように見える。時間薬ということばもある。だが、それでもときおり、過去を思い出し、悲しい感情がよみがえる。

もちろん過去にあったのは悪いことばかりではない。いい思い出もたくさんあるはずだ。思い出し笑いをすることもあるだろう。だが、見方を変えれば、「いい思い出」もまた、過去というものの桎梏かもしれない。過去の栄光にとらわれて、的確な判断ができなくなる人もいる。バブル崩壊後の日本経済はそうだった。また、過去のじぶんと現在のじぶんを比較して、現在のじぶんは不当に不幸な境遇に置かれていると考え、世間に恨みをつのらせる人もいる。

わたしたちの「現在」は、不確かな未来と、取り返しのつかない過去の間で宙づりになっている。そのような意味で「現在」はけっして意のままになるものではないし、「じぶんの時間」など永遠に来ないのかもしれない。

「そのときには」にあって配慮的気づかいは予期しながら、「あのときには」においては保有しながら、「いまは」のなかでは現在化しつつみずからを言表している。（中略）「そのときには」と「あのときには」は、「いまは」という観点においてともに理解されているのだ。いいかえるなら、現在化するはたらきは特有の重みを有していることになる。たしかに現在化はつねに、予期と保有との統一にあって時間化する。

（（四）341頁）

小説であれ映画であれフィクションが強い力を持つのは、フィクションのなかでは「そのとき」も「あのとき」もコントロール可能だからである。タイムスリップ、タイムトリップを題材にしたSFがわたしたちの心をとらえるのは、せめて想像のなかだけでも、過去や未来を意のままにしたいという思いがあるからだ。それは「意のままにならない」ことの裏返しでもある。

ブッダのいう「生」とは、過去と未来との囚われ人となったわたしたちの「いま」を指しているのだろう。しかも最悪なことに、やむをえず選ばされた「いま」について、その責任までわたしたち自身に負わされる。「ああでもありえたのではないか」「こうでもありえるのではないか」と後悔する。だが振り返ってみると、すべての道は必然であり、結果的に「これしかなかった」のだ。

さきに、本来的あるいは非本来的に実存することが特徴づけられた。それは、実存することを基底づける時間性が時間化する様態にかんしてのことである。その特徴づけにしたがうなら、非本来的実存の決意しないありかたは、予期することなく忘却する現在化という様態にあって時間化するのであった。決意しない者がみずからを理解するのは、そのように現在化することで出会われ、交替して押しよせてくる、もっとも身近なできごとや偶発事からである。配慮的に気づかわれたものにひどく気忙《きぜわ》しくみずからを喪いながら、決意しない者はその配慮的に気づかわれたものでじぶんの時間を失っている。そこで、そうした者に特徴的な語りかたは「私には時間がなくて」というものとなる。非本来的に実存する者は不断に時間を喪い、けっして時間を「手にしている」ことがない。おなじように、本来的な実存の時間性をきわだたせるのは、本来的実存が決意性にあってけっして時間を失わず、「つねに時間ならばある」ことである。決意したありかたの時間性は、現在にかんして瞬視という性格を有しているからだ。（（四）357頁）

「瞬視」というのはキェルケゴールの用語でAugenblick。「瞬間、つかのま、ごく短い時間。時機、機会」。ハイデガーは「現在が本来的な時間性のうちで保持され、かくてまた本来的な現在である場合、それを瞬視と呼ぶことにしよう。この述語は、能動的な意味で、脱自的なありかたとして理解されなければならない。当の述語によって意味されているのは、現存在が決意したものとして、しかし決意性のうちで保持されたものとして脱出することであって、現存在が脱出するのは、配慮的に気づかわれるさまざまま《ママ》可能性や事情にあわせて、状況のなかで出会われるものにそくしてなのである」と述べている。（（四）73頁）

状況に対して主体的にかかわろうとする者は、「私には時間がなくて」などといういいわけをしない。「時間がない」「じぶんの時間がない」という嘆きは、非本来的に実存している者のものだ。決意もなく、覚悟もなく、ただ流されるだけ。それは「じぶんの時間がほしい」とこぼす小学生と同じではないか……。

と、とりあえずいってはみたけれども、わたしにはハイデガーのようなポジティブな生き方なんてとうてい無理そうだ。いつも「じぶんの時間がない」と嘆き、散歩に逃れ、先の見通せない曲がりくねった道をのんびりと歩くしかない。

2　九鬼周造の「時間論」を読む

『九鬼周造全集』第一巻（岩波書店）に収められた「時間論」は、九鬼が書いたPROPOS SUR LE TEMPSを坂本賢三が日本語に翻訳したものだ。九鬼自身はフランス語で書いた。また、全集の第五巻に入っている「をりにふれて　遠里丹婦麗天」のなかに「東洋的時間」という文章があり、これは「時間論」のなかの「時間の観念と東洋における時間の反復」とほぼ同じだが、細かな言い回しや原注の有無などが違う。両方を読みながら「生」と「時間」について考えてみよう。なぜなら、本書、この哲学自習のはじまりは、仏教でいう四苦すなわち生老病死について、西洋哲学の先達の力を借りて考えるというものだから、一九二〇年代にヨーロッパに留学して、ベルクソンとハイデガーに学んだ九鬼の東洋的時間論ほどふさわしいものはないと思う。**Existenz**に「実存」の訳語を当てたのも九鬼だ。

時間とは何か。この問いに九鬼は、「時間は意志《ママ》に属するものである」（坂本訳「時間の観念と東洋における時間の反復」。以下「坂本訳」とする）、「時間は意志的なるものである」（九鬼「東洋的時間」。以下「東洋的時間」とする）と答える。意志が存在しなければ、時間も存在しない。ヘルマン・コーエン、ハイデガー、ベルクソンのしごとを挙げ「これらの見解はすべて時間を意志によって構成されたものと考える点で一致している」（坂本訳、401頁）。

これは記憶のメカニズムに関する現代の脳科学の見解とも一致する。わたしたちは素朴に、脳のどこかに記憶が収納されていると考えがちだ。駅のコインロッカーか図書館の収蔵庫のように、特定の場所が記憶を収納するためにあてがわれていて、時系列にしたがって規則正しく並んでいるというイメージである。過去を思い出すたびにロッカーからものを取り出すように、あるいは書棚から本を引き抜くように、記憶を取り出すのだと素朴に考える。特定の場所とは脳細胞であり、忘れる、記憶を失うというのは、脳細胞が壊れてしまうことなのだともイメージする。たとえば石鹸の泡のひとつひとつがはじけてしまうように。だが福岡伸一はじめ生物学者たちの本によると、記憶は細胞にあるのではなく、細胞をつなぐ回路のほうにあるらしい。脳細胞は細胞分裂しないそうだが、それでも細胞の中身は日々入れ替わっている。中身が入れ替わっても細胞をつなぐ回路、つまりパターンは残る。わたしたちが何かを思い出すたびに、パターンが再構成される。回路はそのつどつながるが、過去につながったことのあるパターンだと「前にもやったよね、このつながりかた」と脳は思う。記憶はできごとがあった瞬間からずっと保持されつづけるのではなく、そのつど生成する。だからハイデガーの論文に頻出する「つねにすでに」「そのつどすでに」といういいかたは正しいのだ。時間は意志によって構成される、というのも同じだ。また、「回路」を「関係性」と読みかえると、時間だけでなくわたしたちの存在についてもいえそうだ。

わたしたちは時計の針の動きを見て、あるいはデジタル表示の変化を見て、次のように考える。「じぶんの外部に絶対的な時間が流れている。じぶんとは関係なく時間はあり続ける。そして、その流れの中にじぶんも世界も含まれている」と。しかし実際は、時間はわたしたちの意思のなかにある。

九鬼は、この時間意識についての考え方は西洋哲学だけのものでなく、「東洋に於いても時間は結局は意志的なるものとして解されてゐる」（「東洋的時間」12頁）として、ウパニシャド等を引く。

そこで語られるのは、円環的な時間、回帰（輪廻）する時間だ。

「回帰（輪廻）とは、無際限の再生、意志の永遠の反復、時間の終わりなき回帰である」（坂本訳、401頁）

輪廻はいいものか、悪いものか。インドの仏教は輪廻を嫌う。人が死んで、また生まれ、同じ人生を繰り返す。四苦八苦する人生、苦しいこと、思いどおりにならないことばかりの人生を繰り返す。「人間が永遠に繰り返して再び同一の人間になる」（坂本訳、402頁）。その無限反復から抜け出すのが解脱だ。解脱が悟りによって得られるのは、輪廻する時間は意識によって支えられているという考えがあるからだ。じぶんを縛っているのは、じぶんの意識である。

輪廻を悪いものととらえ、そこからの解脱を目指すという、仏教の根本的な考え方がわたしにはピンとこない。同じ人生をまた繰り返すのははたして苦痛なのだろうか。それは、その人によるのではないか。幸福な人生なら繰り返すのも悪くないではないか。たとえば王侯貴族に生まれ、経済的不安もなく、なに不自由ない暮らしができるのなら、同じことを繰り返すのは、むしろ歓迎すべきことではないか。豊かな人生ばかりでなくても、いいことも悪いこともひっくるめて「まあまあ良かった」と思える人生なら、もう一度おなじ人間に生まれて、おなじ人と出会い、おなじ楽しみを味わうのもいいではないかとも思う。

もっとも、王侯貴族も良いことばかりの人生ではない。だから四苦八苦、一切皆苦。たとえば『平家物語』では、栄華をきわめた平清盛も、最期はマラリアと思われる熱病に冒され、苦しみもだえながら死んでいく。清盛に限らず、仏教に帰依した古代の支配階級の人びとは、「この世」に再生して同じ人生を歩むことよりも、極楽浄土に生まれ変わることを望んだ。

仏教には因果という考え方もある。「業すなわち所業と道徳的応報の観念のうちには同一性の概念が必然的に含まれている。ここに支配しているものはむしろ峻厳なる宿命である。一般に、因果性は同一性をめざし同一性に帰着する」（坂本訳、402頁）。

悪いことをすれば、いまのじぶんよりももっと下のランクのものに生まれ変わるかもしれない。それが人間ならまだマシで、動物や昆虫に生まれ変わるかもしれない。鳥に生まれ変わって空を飛ぶのは愉快かもしれないが、鼠に生まれ変わって猫に追いかけられるかもしれないし、文字どおり虫けらとしての生を終えなければならないかもしれない。

ブッダが「生」すなわち生まれることを「苦」のひとつと考えたのは、「生」が「いま」「この」人生だけに限らず、無限に反復する人生の、しかも常に同レベルとは限らない反復のなかにあるからではないだろうか。たしかにそれは不安だろうし、そこから脱出したいと願うのも無理はない、とも思う。

反復はわたしたちの日々のなかにもある。ときとして芸術家は自己模倣に陥る。成功し、名声を得た表現方法があると、それをまた採用してしまう。アルチザン（職人）とアーティスト（芸術家）の違いは、この自己模倣との距離の取り方にある。アルチザンは注文仕事であり、注文主の求めに応じて製作する。注文する側も「何でもいいから」というようなことはめったになく、具体的なイメージがあり、多くはその職人がかつてつくったものから流用される。まったく同じものはないにしても、細部を変えただけで基本的には同じことの反復だ。

造形作家だけではない。小説家でも、同じような作品ばかり書いている人がいる。固有名詞を入れ替えただけで、そのほかは構造もプロットもほとんど同じだ。自己意識においてはアーティストかもしれないが、やっていることは職人しごとである。しかし、それが悪いわけではない。

アーティストが反復と自己模倣に陥るのは、それが好評であり、お金になるからだし、簡単だからだ。客のほうも「前と同じようなもの」を求める。正確にいうと「基本的には前と同じようだが、ちょっとだけ新しい要素が入ったもの」。映画やゲームで続編、続々編がつくられるのもそのためだ。出版の世界も同様で、ヒット作がひとつ出ると、二番煎じがつくられる。二番煎じはオリジナルほどには売れないが、そこそこのヒットになる。読者は「同じようなものを読ませやがって」と憤るどころか、「また同じ世界を味わえる」と喜んでいる。文芸の世界ではアルチザンとアーティストが混在している。

反復は快楽である。当事者にとっては。しかし、同じようなものを繰り返し作り続ける作家と、それに喜んでカネを出す消費者の閉じた世界は、外から見ると滑稽でありグロテスクでもある。籠の中の車輪を回すハツカネズミやリスのようにも見える。

常に新しい表現を模索し続けることは、つらく、厳しいが、同じことの反復に陥り、自己模倣してしまうことも恐ろしい。また、じぶんでは新しい表現を見つけたと思っていても、他者からは考え方や方法において反復であり自己模倣だと見られる場合もある。「俺がやっていることの新しさを批評家たちは気づかない」と作家は不満顔だが、自覚しない自己模倣は怖い。

好きなミュージシャンのアルバムが発売されると心躍る。だが、何年も何枚も買い続けていると、「このフレーズ、前にもあったな」と思うことが増える。メロディライン、リズム、ハーモニー、ミュージシャンによって得意技というか癖のようなものがある。それが持ち味でもあるが、度が過ぎると「また同じ」と感じてしまう。「ファンはわがままだ」といわれそうだが、反復と自己模倣に陥る方が悪い。仏教で「生」を苦のひとつと考えるのは、その先に「老」「病」「死」が待っているからではなく、それが無限に反復されるからではないか。

九鬼周造は「水平面は現象学的存在学的脱自を表わし、垂直面は神秘説的形而上学的脱自を表わしている。水平面は現実面で、垂直面は仮想面であるが、この二面の交わりが時間の特有の構造にほかならない」という（坂本訳、４０４頁）。この現象学的存在学的脱自と、神秘説的形而上学的脱自は、つぎのように説明される。

最近、時間の現象学的存在学的構造を特徴づけるために「エクスタシス」の語が用いられている。時間は「エクスタシス」すなわち「脱自」の三つの様態をもっている。未来、現在、過去がそれである。時間の特徴はまさしくそのエクスタシスの完全なる統一、「エクスタシス的統一」（マルティン・ハイデッガー『存在と時間』）に存する。この意味のエクスタシスはいわば水平的である。しかるに回帰的時間に関して、我々はなお他に垂直的のエクスタシスが存するということができる。各現在は、一方には未来に、他方には過去に、同一の時間を無数にもっている。それはすなわち無限に深い厚味をもった今である。しかし、このエクスタシスはもはや現象学的ではない。むしろ神秘説的である。それ故、エクスタシスの語は幾分その在来の意味を取り戻すのである。そうして、時間の現象学的脱自と神秘説的脱自との相違は主として二つの点に存する。第一に、前者にあっては、構成契機の連続性ということが核心的である。後者にあっては、その反対に、契機間に非連続性が存していて、それは一種の遠隔作用によってのみ連絡されている。第二に、前者にあっては、各契機は純粋異質性を示し、従って時間は不可逆的である。後者にあっては、脱自の各契機は絶対的同質性をもち、それ故、互いに交換されることができる。その意味において時間が可逆的である。この本質的相違を承認した上で次のように言うことができる。水平面は現象学的存在学的脱自を表わし、垂直面は神秘説的形而上学的脱自を表わしている。水平面は現実面で、垂直面は仮想面であるが、この二面の交わりが時間の特有の構造にほかならない。（坂本訳、404頁）

二つの脱自が交わるところにあるのが時間だ、というのは魅力的な考え方だ。これはわたしたちが日常的に感じる二つの時間、つまり時計の時間と内的意識の時間にも相当するように思える。

わたしたちは過去から未来につながる時間の流れの中の「いま」という時点にいるような感覚がある。時間は絶えず流れているが「いま」はいつも同じである、と主観的にはいいたくなる。サーファーが乗るボードは波の手前を滑っていく。波は流れるがサーファーはうまくバランスを取りながらボードの上に立ち続ける。動いているようで静止している。静止しているようで動いている。しかし、実際には時間はわたしたちの意識の中だけにある。過去を把持しつつ、未来を予感しつつ、「いま」を生きているように思うのは錯覚にすぎない。把持された過去も、先取りし、予感する未来も、いま現在のわたしたちの意識の中で構成されている。

これが繰り返される。永遠に。その桎梏から逃れるには解脱するしかない。意志を捨てる。欲望を捨てる。わたしなりにいいかえるなら、欲望とはジェラシーとコンプレックスとプライドでできている。時間も同じだ。時間から解放され、まったくの無の中に生きる。しかし、はたしてそれは幸福なのだろうか。

九鬼周造はもうひとつの東洋的時間として「武士道」を導入する。

九鬼周造は次のように述べている。

日本においては仏教のほかに封建時代に武士道と呼ばれるもう一つの道徳的理想が発達した。真心と雄々しさと誉れと情け、これが武士道の主要徳目である。武士道は意志の肯定であり、否定の否定であり、或る意味において涅槃の廃棄である。それは自己本来の完成をしか気にかけないような意志である。それ故に、仏教にとって最高の悪であった意志の永遠の繰り返しが、今や最高の善となったのである。

（坂本訳、408頁）

こんなところで「武士道」とは唐突だ。倫理学ならともかく、時間論に武士道が出てくるとは。

わたしは大学の授業で武士道について習った記憶がない。大学を卒業してからも折に触れてさまざまな哲学書を読んできたが、武士道についてまじめに取り上げた本を見た記憶がない。

武士道といえば新渡戸稲造か『葉隠』だが、せいぜい「死ぬことと見つけたり」というフレーズが思い浮かぶぐらいで、とくに何かを考えさせられたこともない――「死ぬことと見つけたり」というと、田村正和演じる眠狂四郎を連想するが、柴田錬三郎が造型したヒーローはニヒルで、九鬼周造のいう武士道とは対極的にあるキャラクターである。近年、新渡戸稲造と彼の『武士道』が取り上げられるのはもっぱらビジネス啓蒙書、自己啓発書のたぐいで、ようするに金儲けとか、上手な社畜のなりかたとかの指南書としてではないのか、というのはちゃんと読んだことのないわたしの偏見だろう（新渡戸の『武士道』は読んだことがあるはずだが、本棚を探しても見つからない。翻訳が矢内原忠雄だというので「へえ」と思ったが、考えてみれば矢内原は新渡戸の教え子である）。

高校の歴史の時間、武士たちが鎌倉仏教に帰依したのは、殺生を生業とする彼らがあの世で救済されるためだった、と習った記憶がある。ならば、仏教的時間と武士道的時間は相容れないのではないか？

そもそも、「真心と雄々しさと誉れと情け」がどうして東洋的時間論なのか。これは要するに、「結果じゃなくて、過程が大事」ということなのか。なるほど、わたしたちはよくいいますね、結果が失敗に終わっても「よくがんばりました」と。たとえ内心では「がんばっても、がんばらなくても、結果を出せなきゃダメじゃん」と思っても、「結果じゃないよ。どれだけがんばったかだよ」と褒めるのが大人だ。子供が歌を歌ったり絵を描いたりして、それが技術的にはどんなに下手であっても、力一杯一生懸命やっていれば「元気があって、よろしい！」と褒めるように。

武士道は仏教が説く涅槃とは正反対なのだと九鬼周造はいう。なぜなら涅槃は「輪廻＝意志の繰り返し」という無限ループからの離脱、つまり解脱だから。武士道は意志の繰り返し、意志へのこだわりだ。

たしかにビジネスでは「あきらめない」「ねばりづよく」などが称揚される。

九鬼周造はカントを持ち出す。

「この世界においてはどこにも、否、広くこの世界の外においても、ただ善意志の外には無限局に善と見なされ得るようなものは考えられない」とカントは言う。武士道が肯定するのはこれと同じ思想である。無限なる善意志は完全には実現し得ないものであり、つねに「幻滅」すべく運命づけられているのであって、絶えず自己の努力を更新しなければならない。武士道にとって、絶対的価値をもつものは善意志そのものである。満たされない意志も、実現され得ない理想も、不幸と悲しみの生も、「渇望と苦悩の憂き世」も、要するに永遠に繰り返す「失われた時」も、大して重要ではない。おそれることなく、雄々しく輪廻に立ち向かおう。「幻滅」を明らかに意識して完成を追究しよう。永遠の時間に、ヘーゲルの用語で言えば、無窮性（Endlosigkeit）のうちに生きよう。無窮性のうちに無限性

(Unendlichkeit) を、無際限のうちに無限を、終わりなき継続のうちに永遠性を見出そう。

(坂本訳、409頁)

問題は「永遠」をどうとらえるかだ。古代インドでは、生物は輪廻という永久運動のなかに閉じ込められていると考えた。それが苦痛だと思うから、ブッダは解脱を説き、それを支持する人々が仏教の教団グループを形成していった。「生」が四苦八苦の一番目におかれているのも、最大の苦痛であり、あらゆる苦痛の根源だと考えられたからだろう。ところが武士道では逆だと言うのである。永遠にかなえられることのない努力が素晴らしいのだという。

だがそれは、同じものを違う言い方で表しているだけなのかもしれない。一方では苦といい、もう一方では喜びだという。

わたしたちは「永遠の命」がほしいのだろうか。

たとえば、ランボーの詩の一節を思い出す。

また見付かつた。
何がだ？　永遠。
去《い》つてしまつた海のことさあ
太陽もろとも去《い》つてしまつた。

(「永遠」より。『ランボオ詩集』中原中也訳)

ゴダールの『気狂いピエロ』のラストシーンにもこの詩が流れる。

九鬼周造は、シシュフォスの神話は皮相だという。コリントス王、シシュフォスは、ゼウスを騙し、その罰として、冥界で巨大な岩を山の頂上まで押し上げるよう命じられる。しかし岩が頂上までもう少しというところで、いつも岩は転がり落ちる。また麓からやりなおし。これが永遠に続く。シシュフォスの神話とは、永久に解放されることのない、報われることのない苦役の代名詞だ。賽の河原の石積みと似た話だ。死んだ子供が三途の川のほとりで石を積む。石塔ができあがりかけると、鬼が来て崩していく。もっとも、賽の河原では地蔵菩薩があらわれて、子供を救ってくれるのだが。

シシュフォス神話について九鬼周造は、「このことの中に、不幸があるであろうか。罰があるであろうか。私には理解できない。私は信じない」と言う。永久に岩を持ち上げ続けるシシュフォスは不幸ではないというのだ。

すべてはシシュフォスの主観による。彼が岩を押し上げようという確固たる意志を持つならば、それを繰り返すことは不幸どころか幸福だという。

シシュフォスは不満足を永遠に繰り返すことができるのであるから幸福でなければならない。これは道徳感情に熱中している人間なのである。彼は地獄にいるのではなく、天国にいるのである。

（坂本訳、４０９頁）

なんだか、新約聖書の「幸いなるかな、貧しき人よ」みたいな話であり、これでは「人は不幸だから幸福である」というパラドクスに陥ってしまうではないか。

レトリックとしてはわからないでもない。たとえばわたしたちは、小説を夢中になって読んでいる時、小説の結末を予想しながらも、しかし「この物語が永久に終わらなければいいのに。この愉しさが永遠に続けばいいのに」と願うことがある。あるいは、おいしいチョコレートを手に入れた時、「もっと食べたい」と思うと同時に、楽しみをできるだけ持続させるためいちどに食べる量を減らして、何日かに分けて食べようとする。あるいは、幸福を感じる時、「この状態が永遠に続くように」と願う。あるいは、過去の楽しかったことを思い出して「あの日に帰りたい」と思う。だがそれはいずれも幸福なことについてだ。

シシュフォスは重い岩を持ち上げるという苦役を課せられていて、文字どおり苦しんでいる。たんに不満足なのではない。苦痛なのだ。彼が満足できるとすれば、苦痛から逃れたときだが、苦痛から逃れられない運命に落とされているから不幸なのである。シシュフォスに地蔵菩薩は現れない。

苦痛を永遠に繰り返すことができるのだから幸福だ、というのはマゾヒズムである。苦痛は、いつか終わると思うから耐えられる。それが永遠に続くのなら耐えられない。わたしが思うに、自殺を選ぶ人は、苦痛が終わるときまで待てないのだ。まして苦痛が永遠に終わらないとなれば、誰が喜んでそれを味わうだろう。喜ぶのはマゾヒストだけだし、しかし、マゾヒストにとって苦痛は快楽なのだから、もしもシシュフォスがマゾヒストであれば、彼にとってほんとうの不満足は苦役が終わってしまうことだろう。それでは上方落語の『地獄八景亡者の戯れ』のようなお笑い話になってしまう。

念の入ったことに、九鬼周造は次のようにいう。

五年前、東京の大半を破壊した大地震の直後、我々は東京に地下鉄の建設を始めた。そのとき私はヨーロッパにいて、「ほとんど百年毎に周期的にくる大地震でつねに破壊されるように運命づけられている地下鉄を、なぜ建設するのか」とたずねられた。私は答えた、「我々が関心を抱くのは企画そのものであって目的ではない。我々は地下鉄を建設しようとしているが、地震が起これば破壊されるであろう。しかし我々は再びそれを建設しようとする。新たな地震がまたもやこれを破壊するであろうが、しかり、我々はつねに新たに取りかかるであろう。我々が評価するのは意志そのもの、自己自身を完成せんとする意志なのである」と。

（坂本訳、４０９頁）

これと同じことをいま、福島はじめ東日本大震災の被災地の人びとの前でいったら殴られるだろう。「我々が関心を持つのは被災地復興の企画そのものであって、目的ではない」なんていうふうに。しかし、関東大震災から五年後に、九鬼周造はこのように書いたのだ。

もっとも、九鬼がいうのもわからなくはない。以前、阪神淡路大震災のときだったか、あるいは酒田の大火のときだったか、英語でのニュース（またはそれを翻訳したもの）を聞いたのだったか、読んだのだったかした記憶がある。そのとき「木と紙でできた日本の住宅は、あっという間に焼け、燃え広がってしまいました」と欧米のどこかの記者かアナウンサーはいっていて、わたしは反射的に「そのいい方はないだろう」と思ったのだけど、よく考えると、たしかに日本の伝統的な建築物は木材と紙でできており火災に弱い。たとえば京都は千年の都といわれるけれども、平安時代の建物はほとんど残っておらず、多くは江戸時代のものだ。たいていの建物は火事で焼けてしまったのだ。京都御所ですら江戸時代の終わりに建て替えられている。大火や地震を繰り返し受けているのだから、石や煉瓦やコンクリートで頑丈に作ればいいのにと思うけれども、昔の日本人はそうしなかった。焼けるとわかっていて、倒れるとわかっていて、木と紙で寺や神社や家屋をつくった。重要なのはつくろうという企画であり、つくろうとする意志であり、できあがった建物ではない、といいはることも不可能ではないのかもしれない。

そこからはさらに出雲大社などの式年遷宮と、生まれかわり／再生への信仰やあこがれということも導き出せるかもしれない。田んぼに苗を植えて稲を育て、刈り取ってまた翌年も稲を植えるように、死と再生の繰り返しが無限に続くことこそ幸福だという世界観もあるかもしれない。ならば、なぜ日本の住宅の資産価値がわずか三〇年程度でゼロになってしまうのか、リユースやリサイクルよりもまっさらな新品をありがたがるのか、といったことなどともつながるのかもしれない。

九鬼周造によると、東洋的時間とは同一の時間が周期的に繰り返される回帰的な時間である。そこから解脱するには、仏教的な涅槃（主知主義的超越的解脱）と武士道的な主意主義的内在的解脱がある。武士道的解脱とは、時間を気にしないことだという。しかし、それはほんとうだろうか。時間を気にしないことで解脱できるなんて、あまりにも安易ではないだろうか。

3　レヴィナスの時間論

レヴィナスの『時間と他なるもの』は一九四六年、「哲学塾」で行われた全四回の講演録である。ちくま学芸文庫の『レヴィナス・コレクション』に入っている（合田正人編訳）。超難解なレヴィナスも、講演ならわかりやすいだろう、と思ったのだが、やっぱり難しい。講演を聴いていた人たちは、どの程度その場で理解したのだろう。

もっとも、レヴィナスがいわんとしていることはシンプルだ。

「この連続講演の目標は、時間は孤立した独りの主体の産物ではなく、主体と他者との関係そのものであるという点を示すことにある」と冒頭にある。

キーワードは「孤立（孤独）」と「他者」である。

ハイデガーが『存在と時間』で明らかにした時間の本質について、レヴィナス流に再定義する講演といっていい。レヴィナスは次のようにいう。

そこでまず、われわれとしては、孤独を、それに先立つ他なるものとの関係の只中で検討するハイデガーの考えを斥けたい。人間学的には異論の余地なきものではあるが、存在論的には不分明な考えである。もちろん、他者との関係はハイデガーによって現存在の存在論的構造として捉えられている。が、実際にはこの関係は、存在のドラマのなかでも、実存論的分析論のなかでもいかなる役割も果たしてはいない。

（『時間と他なるもの』合田正人訳、『レヴィナス・コレクション』ちくま学芸文庫、２３３頁）

レヴィナスは「孤独」について検討する。「われわれは人びとと数々の事物に取り囲まれており、それらと関係を結んでいる」。しかし「これらの関係はすべて他動的なもの」だ。

私は〈他人〉であるのではない。私はたった独りである。だから、私のうちなる存在、私が実存するという事実、私の実存することは、他動的では決してない要素を、志向性なき、連関なき何ものかをなしている。人々のあいだではすべてが交換可能だが、実存することだけは別だ。その意味では、存在すること、それは実存することによって孤立することである。

（２３６頁）

だが、ほんとうに人は独りであることができるのだろうか。孤独に実存することができるのだろうか。

他者とまったく無関係に存在することは、理論的には不可能ではないだろう。だがそれは机上のモデル、思考実験にすぎない。現実には難しい。

他者がいなければ「時間」もない。一見するとこれは、すごく哲学的な、難解なことのように思えるけれども、ごく日常的な、通俗的なレベルで考えてもその通りだ。

わたしたちが時間を意識するのは、常に他者との関係においてである。たとえばいまわたしはこの文章を書いている。「今日の午後三時までに、この節を書き終えたい」と思っている。それは今日の夕方、この本の担当編集者Aさんに会って、原稿を渡す約束をしているからだ。時計の針を気にしつつ、Ｍａｃのキーを叩く。いいかえれば、「今日の午後三時」という時間に、わたしは囚われている。しかも、「今日の午後三時」に囚われているのは今朝始まったわけでなく、昨日も一昨日も、先週も先々週もそうだ。「今日の午後三時」による支配がはじまったのは、前回、Aさんと会ったときだ。そのとき「次回は○月○日の午後四時に、神田神保町のクラインブルーで会いましょう」と約束した。その瞬間からわたしは「今日の午後三時」という時間に囚われている。だが、前回Aさんに会ったのは、九鬼周造の時間論についての原稿を渡すためであり、その約束をしたのは……と無限につながり、それはAさんとこの本をつくろうと話したところまでさかのぼっていく。つまり「この本を書く」ということが、わたしの時間意識のひとつになっている。これがなければ「今日の午後三時」に囚われることもない。また、たとえこの本を書くという予定、目標がなくても、ほかにいろいろと「用事」はある。そのすべては他者とかかわっている。

完全な「孤独」「孤立」でなくても、それに近い状態はある。たとえば退職して「用事」がない状態を「毎日が日曜日」と形容するように。「予定」のない日々が続く。家族という他者がいない状態だと、いつ起きて、いつご飯を食べて、いつ寝て、という生活のサイクルがなくなることもある。他者とかかわることがないから、何時に起きようとかまいはしない。好きな時間に起きて、好きな時間に食べたい物を食べる。コンビニは二四時間開いているから、じぶんの時間をコンビニに合わせる必要はない。

社会、つまり他者との接点が少なくなるにつれてわたしの「時間」が希薄になっていく。人と会わなくなり、テレビも見なくなり、インターネットにも接続しなくなると、もう「時間」はいらなくなる。

ふつう「時間がない」というのは、「(忙しくて)時間が(足り)ない」という意味だ。しかし、他者とのかかわりがなくなり、他者に時間を合わせる必要がなくなると、時間がありあまるようになり、時間そのものがなくなってしまう。「時間がなくなる」というよりも「時間という概念がなくなる」といったほうが正確だろう。

時間は海のなかの生け簀のようなものだ。海の一部を網などで囲ったのが生け簀。そのなかで魚を育てる。他者がいるとき、わたしたちはこの生け簀のなかで生きている。しかし、他者がなくなると生け簀もなくなる。広大な海だけがある。地球は球体で、海はつながっているから無限だ。時間は「ある」ようで「ない」。
だが、精神病など特殊な状態を除くと、人間が「時間」なしに生きたことはなかったのではないか。近代以前も、たとえば農耕でなくても、狩猟であれ採取であれ、食料を手に入れようとすれば「他者」との関係が必要になる。その「他者」は人間とは限らない。他の動物であれ植物や気象状況であれ、主体以外のものとかかわるかぎり、季節や時刻について配慮しないわけにはいかなかっただろう。だから「時間」のない状態というのは、想像の上のものでしかない。

レヴィナスはいう。

本来的時間はそもそも脱自的恍惚であると考えることはできるが、ひとは自分のために腕時計を買い求める。実存の裸形性に反して、できるかぎり、礼儀正しく身繕いをしなければならない。苦悩について書物を書くときには、誰かのためにそれを書くのだし、筆記と出版を隔てるすべての手続きを通過して、時には、苦悩の商人として振る舞うことになる。死刑囚は、その最期の旅立ちにあたって身なりを整え、最後の煙草をもらい、銃殺に先立って感動的な言葉を思いつく。
（256頁）

辛辣な言葉だ。

深刻そうな顔をして、おのれの苦悩を文章にしているが、「書く」という行為と、それを「出版」し、世に問うという行為の間には、大きな飛躍がある。原稿を書き、編集者と相談して書き直し、完成させた原稿を編集者が印刷所に入れ、書店で売り出す、という一連の作業もさることながら、本にするためにはまず編集者／出版社が賛同してくれなければ不可能だ。書いても本にならないことはよくあるのだし、それ以前に、書いたものを本にしたいと編集者をはじめ他者に打ち明ける段階で大きな跳躍がある。わたしはここで、マルクスの「商品から貨幣への命がけの跳躍」という言葉を思い出す。苦悩を文学に結晶させた（つもりの）小説家も、その命がけの飛躍を経ての出版行為であり、そこでは「苦悩の商人」でしかない。

だが、人間とはそういうものだ。

『時間と他なるもの』の第三講の冒頭ちかくでレヴィナスは次のように述べている。

未来もしくは過去との一切の関係を捨象した場合、主体は、主体の現在における自由そのもののなかで自己に課せられる。主体の孤独は最初から、主体は寄る辺なきものであるという事実であったのではない。それは、主体が自分自身に餌として投げ与えられ、主体が自分自身のなかに嵌まり込むという事実である。それなのだ、質料性とは。（264頁）

相変わらずレヴィナスのいっていることはよくわからない。ひとつひとつの文章を検討してみよう。

「未来もしくは過去との一切の関係を捨象した」らどうなるのか。現在しかない。未来も過去も持たない「いま」があるだけ。おそらく多くの動物は、現在だけを見ている。現在だけに生きている。過去の経験を記憶し、それをもとに行動することはあるだろうが（たとえば「あそこに餌がある」「こういうふるまいをすると敵に狙われる」「これは食べられる／食べられない」など）、人間のように過去のできごとを時系列にしたがって並べたり、未来の予定を立てたりするわけではないだろう。未来や過去とのつながりを捨て、「いまこの瞬間」だけで生きるとき、「主体は、主体の現在における自由そのもののなかで自己に課せられる」とレヴィナスはいう。「主体は自己に課せられる」。じぶんがじぶんであること。完全な自己同一性。つまり過去も未来も捨てて、いまに生きるとき、わたしたちは完全なじぶんを取り戻せるということであり、逆にいうなら、過去や未来に囚われているかぎり、自己の（一部）の喪失に苦しまなければならない、ということではないか。

主体がじぶん自身のなかに嵌まり込む、その事実をレヴィナスは質量性という。ヘーゲル『精神現象学』の「感覚的確信」を連想させる話だ。

「糧の前に、糧としての世界の前に主体を位置づけるような欲求の超越がなされるまさにその瞬間、質料性は主体に自分自身からの解放をもたらす」とレヴィナスはいう。これは金子武蔵訳『精神の現象学』でいえば「(A)意識」の章のII、「知覚、或いは物と錯覚」で書かれていることに相当するのだろうか。あるいは、サルトルの論文「自我の超越」を連想させる。対象が出現すると意識はそちらに向かう。自己とは他なるものとの遭遇である。「認識と光でもある」とレヴィナスはいう。

「自己の消滅では決してなく、自己忘却であり、最初の自己放棄のごときものなのだ」と。ますます『精神の現象学』である。「他なるもの」が存在し、意識がそこに向かうのであれば、自我による自己の充塡、自己同一化は難しくなる。ヘーゲルの場合は、ここから「絶対知」に至る精神の彷徨がはじまる。

仏教でいう「生」とは、このことではないか、とも思う。他なるものを意識するかぎり自己同一性は保たれない。そこから苦が生まれる。『スッタニパータ』においてブッダは「犀の角のようにただ独り歩め」と繰り返すわけだが、それはたんに解脱のために孤独を推奨したというだけでなく、自己同一性を保つには「他なるもの」を意識させないことが必要だからではないのか。

レヴィナスは『時間と他なるもの』第三講の最後で、第四講を予告しつつ次のようにいう。

時間それ自体が他者との対面というこの状況に準拠していること、少なくともこの点だけは今日の段階で示しておきたい。

死が与える未来、出来事たる未来はいまだ時間ではない。なぜなら、誰のものでもないこのような未来、人間には引き受けることのできないこのような未来も、時間の要素となるためには、やはり現在と関係を結ばなければならないからだ。

（中略）

未来との関係、現在における未来の現存もまた、他者との対面のなかで成就されるように思われる。とすれば、対面という状況は時間の成就そのものであろう。未来への現在の食い込みは、独りの主体の事態ではなく、間主観的な関係である。時間の条件は、人間同士の関係もしくは歴史のなかにあるのだ。（279頁）

時間は人間と人間の関係において生まれる。他者がなければ時間もない。もちろんたった独りで生きていても、地球は回り、日は昇り、日は沈み、月は満ちて欠け、季節はめぐる。だがそこに「時間」はない。なぜならそれを意識する者がいないからだ。

第四講においてレヴィナスはベルクソンに触れて、「持続とは創造なのである」という。また、「時間の営みはたんに創造による刷新ではない。創造は現在にしがみついていて、創造者にピュグマリオーンの悲しみしか与えない。われわれの魂の諸状態、われわれの諸性質の刷新であるより以上に、時間は本質的にある新たな誕生なのである」（283頁）とも。

「創造は現在にしがみついていて、創造者にピュグマリオーンの悲しみしか与えない」とはどういう意味だろう。

ギリシア神話のピュグマリオーンは現実の女性に失望して、理想の女性ガラテイアを彫刻する。やがてガラテイアを愛するようになり、ガラテイアが人間になるよう望む。思いがつのり衰弱していくピュグマリオーンを哀れんだアフロディーテーは願いを叶えてやる。ジョージ・バーナード・ショーはこの神話をもとに戯曲『ピグマリオン』を書き、ブロードウェイの舞台になり、やがてオードリー・ヘップバーン主演の映画『マイ・フェア・レディ』となった。人間の男が人形の女に恋をする話は、小説やコミックからアダルトビデオに至るまで、さまざまなかたちで繰り返し使われる。リチャード・パワーズは『ガラテイア2・2』を書いた。逆にいうなら、ピュグマリオーンの物語は、それが古代からずうっと人間（の男）が抱く普遍的な欲望のひとつであることを示している。創造は欲望された時点での欲望である。だがガラテイアが次々といろんなものを望んだ（とピュグマリオーンが思った）ように、対象物があれば創造者は変化し、かつての欲望は過去のものになる。したがって欲望は常に更新されなければならない。魂の諸状態、諸性質の刷新である以上に、時間が本質的に新たな誕生であるというのは、そのような意味ではないか。魂が先なのか、時間が先なのか。いずれ世界は変わっていく。

他なるものとの関係の根源的形態の数々の痕跡を、文明化された生活のなかに探さなけ

ればならない。他なるものの他者性が純粋なものとして現れるような状況は存在するのだろうか。他なるものがたんにその自同性の裏面として他者性を有することなく、また、どの項も同じものを含み、それによって他なるものを含むような融即のプラトン的法則に、他なるものがたんに従うのではないような状況は存在するのだろうか。他者性が、肯定的なものとして、本質として、ある存在によって担われるような状況はないのだろうか。

（286頁）


このように自問したのち、レヴィナスはいう。

「私が思うに、対立者、それも、己が相関者との間に確立されうる関係によっては何ら損なわれることがなく、その項が絶対的に他なるものに留まることを可能にするような相反性を有した絶対的な対立者、それは女性的なものなのである」

ここで同じくレヴィナスの『全体性と無限』の第四部「顔の彼方へ」の「B　エロスの現象学」の冒頭を思い出す。そこではこう書かれていた。


愛は〈他者〉をめざす。愛は〈他者〉の弱さをめざす。かといって、この場合弱さは何らかの属性の劣った段階、自我と〈他人〉に共通のある規定の相対的欠損を表わしているのではない。諸属性が現出するに先だって、弱さは他性そのものを形容しているのだ。愛することと、それは他者のために危惧することであり、他者の弱さに手をさしのべることである。曙光ともいうべきこの弱さのなかで〈愛される者〉は姿を現わす。〈愛される者〉が〈愛される女〉である所以であろう。〈愛される者〉の公現としての女性的なものは、あらかじめ与えられ出会われ探し当てられたものとしての対象や〈きみ〉に付加されるものではない。女性的なものはまた、形式論理学が有する唯一の類としての中性に付加されるものでもない。〈愛される女〉の公現は、柔和《タンドル》さという〈愛される女〉の体制と渾然一体をなしている。柔和さという様式は極度の脆さ、傷つき易さをその本義としている。

(『全体性と無限』合田正人訳、国文社、394頁)

レヴィナスにおける「女性」「女性的なもの」はキーワードのひとつだが、ここでの(「時間と他なるもの」第四講での)「女性的なるもの」というのはエロスにおける他者性と理解しておけばいいだろうか。

少し後でレヴィナスは、ゲーテやダンテのベアトリーチェやレオン・ブロアやらを持ち出し、さらには「だからといって私は、フェミニズムの数々の正当な要請を無視するつもりはない」とわざわざ断った上で、

「女性的なものという神秘は、ある種の文学に見られるような清純な意味に解されてはならないし、女性的なものの出現のもっとも粗野で、もっとも恥知らずで、もっとも味気ない物質性

にあってさえ、女性的なものの神秘も、その恥じらいも廃棄されたりはしないのだ」と述べるのである。

ここで「女性的なるもの」とは、性別としての女性というよりも、自己とはもっとも遠い性にある存在の記号として「女性的なもの」といっている。「異性」としてしまわないのは、それが異性とは限らないからだ。そのような、自分とは遠い他者との関係性をレヴィナスは「神秘との関係である」といい、「エロスは未来との関係であり、すべてが現存しているような世界にありながらも決して存在しないもの、すべてが現存しているときにも現存しないことのありうるものとの関係である」という。

他者と時間とエロス。苦としての生について考えるために、つぎはバタイユを参照してみよう。

4 バタイユを読みながら

生は性とつながっている。性がなければ、なにかが生まれることはない。

人間に限らず、生物が生きる目的は生殖のためだという考え方がある。生殖によって、じぶんの子孫を増やす。あるいは、じぶんもまた先祖から未来を託されて生まれてきたのであり、その託されたものを次世代につなぐのが生きる意味なのだという考え方もある。伝える何物かを、遺伝子、あるいは遺伝情報ととらえ、わたしたち人類も含めて個々の生物は遺伝情報を運ぶ乗り物なのだという考え方もある。

たとえば昆虫は、孵化すると幼虫としてせっせと餌を食べて大きくなる。やがて時期が来るとさなぎになり羽化を待つ。成虫になるとフェロモンを出したり、きれいな羽根などで相手を誘ったりして、交尾のチャンスを探す。交尾を終え、産卵を終えると、彼らはたいてい死んでしまう。生きる目的がもうなくなってしまったかのように。

昆虫にとって生きる目的は、生殖だけであるかのように思える。昆虫だけでなく、魚も哺乳類も植物も、生殖が生きる究極の目的のように思える。

それは人間でも本質的に変わらない。敗戦から七〇年以上たち、二一世紀に入って二〇年近くにもなるのに、いまだに「家を継ぐ」「跡取り」ということばが生きている。それも、先祖代々の田畑があるとか、何代も続く家業があるとかいうのではなく、たんなる勤め人にすぎず、不動産も持たず賃貸住宅に暮らしているような人が、そんなことをいう。継ぐべき「家」もないのに、取るべき「跡」もないのに、漠然とした概念は戦前のイエ制度のまま生きている。

イエ制度のなかでは、個々の人間はイエを存続させるためのヴィークルでしかなかった。生殖を終え、子育てを終えた人間は、隠居し、イエのなかでの発言権を失い、やがて死んでいった。長男以外は厄介者としてイエに奉仕するしか生きる道がなかった。次男以下は養子の口を見つけるか、自分でなにか事業をはじめる——大店に奉公人として入り、やがて年季が明けたらのれん分けしてもらうなど——しか、厄介者から抜け出す道はなかった。アリの巣で、女王アリになれなかったアリが、働きアリとして女王アリに（あるいは女王アリの遺伝情報に）奉仕するように。

こう考えると、生き物にとって、人間にとって、生殖は大問題である。生きる目的そのものといってもいい。

だが、驚いたことに、学校や家庭で生殖の方法について具体的に学ぶことはない。学校で愛撫のしかたやインサートのしかたについて教えることはない。家庭で異性の引きつけ方を学ぶこともない。

それどころか、生殖は家庭でも学校でも遠ざけられている。それはタブーであり、存在しないものとして扱われる。家庭でも学校でも、大人たちが腐心するのは、子供たちをいかに性情報から遠ざけるかである。親たちは、じぶんたちが夜のあいだに（夜だけとは限らないが）していることを子供たちに隠す。教師たちも彼らが家庭に帰ってしていることを児童・生徒たちに隠す。

性は触れてはいけないもの、知ってはいけないもの、見てはいけないものとして扱われる。子供だけではない。刑法では裸体や性に関する事柄が刑罰の対象となる。

奇妙なことではないだろうか。生物としてのわたしたちが生きる目的は生殖であるはずなのに、その生殖が日常の最も遠いところに置かれる。ふだんは目に見えないところに隠される。「ほんとうの目的」は隠蔽されたまま、わたしたちは生かされる。

もっとも、いくら隠してもむだだ。子供は教えられなくても性について知る。「おしべとめしべ」の話を聞かなくても、生殖のメカニズムを知る。父と母が夜、寝室でなにをしているのか知る。じぶん自身の性衝動について、最初はとまどい、驚くが、やがてそれに折り合いをつけるようになる。稀に性についてほとんど知識がないまま結婚し、初夜を迎える深窓の令嬢についての笑い話を聞くが、それが笑い話になるくらい稀なことであり、実際にはありえないこと――つまり、どんなに厳しくしつけられていても、性に関するあれこれはさまざまな機会で知る――を示している。

大人たちは知っている。子供たちが性について知っていることを。なぜなら、じぶんも子供だったとき、性について知っていたからだ。だが、それでも大人たちは、子供を性に関する情報から遠ざけようとする。性について隠そうとする。子供たちはまだ性について知らないかのように、性というものが存在しないかのように振る舞う。

家族でテレビを見ていて、ラブシーンになると、なんとも居心地の悪い思いをする。映画のDVDだとなおさらだ。親も子供も、それぞれが性について知っているということを知っている。にもかかわらず、知らないふりをし続けなければならない。親は子供が「ママ、あの人たちは何をしているの?」と聞くのではないかと怯えている。子供は、映し出される行為が意味するものをじぶんがすでに知っているということを親に指摘されるのではないかと怯えている。家族全員が息を殺して画面を見ているのだが、仮に唾を飲み込んだら、それはスクリーンに映し出されていることについての唾ではなく、息を殺しているこの状況に対しての唾なのだということを、他の家族に知らせる方法はないだろうかと思い巡らせ、まさに固唾を呑む。

ジョルジュ・バタイユは、人間の生と性をめぐる奇妙なふるまいについて考察した。『エロティシズム』はエロティシズムの本質である「禁止と侵犯」について考察した第一部と、エロティシズムに関連したいくつかの論文からなる。

第二部の「神聖さ、エロティシズム、孤独」の冒頭で「エロティシズムが人を孤独のなかに放置する」と述べている。孤独とは、家族全員でテレビの画面を見ながら、ラブシーンになると全員が黙り込み、一人ひとりの殻にこもって、他のメンバーの動きをうかがうような状態のことである。

バタイユは次のようにいう。

エロティシズムとは、少なくとも語ることが難しいものであります。エロティシズムは、ただ因襲的な理由でだけ、秘密めいているとみなされているのではありません。エロティシズムは公的になることができないのです。その反対の例を私はいくつか挙げることができますが、しかしエロティックな体験は何らかの仕方で日常生活の外に位置しています。私たちの体験全体のなかで、エロティックな体験は、感動の通常の伝達から本質的に切り離されたままになっています。エロティックな体験は禁じられた話題なのです。たしかに絶対的に禁じられているものなど何もありませんし、いつも禁止は侵犯されています。しかしエロティシズムに関しては禁止は十分に機能しています。といいますのも、総じて、エロティシズムはおそらく最も激しい感動なのであって、それゆえ私たちの生が言語（推論的言語《ディスクール》）というかたちで私たちの内部に現れている限りは、エロティシズムは私たちにとって、まるで存在しないかのようにして存在しているからなのです。

（『エロティシズム』酒井健訳、ちくま学芸文庫、４２８頁）

たとえばファッションについて考えてみよう。ロラン＝バルトや鷲田清一が考察したように。スカートの裾から覗くふくらはぎから足首、くるぶしにかけての皮膚はエロティックだ。スカートの裾によって見える皮膚の範囲は切断されている。スカートの中は隠れて見えない。だが、エロティシズムを感じるのは、スカートから露出した部分だけなのだろうか。おもしろいことに、露出した面積が広ければ広いほどエロティックであるとは限らない。膝が隠れるスカートよりもミニスカート――それが発明されたとき、もとは膝小僧や太股を見せるためではなく、着ている女性が活発に動けるように、できるだけ脚の動きの制限を少なくするのが、デザイナーの意図だったともいわれる。いずれにせよ、露出し、見せることが、女性の解放につながったのは興味深い――のほうがエロティックであるとは限らない。また、キモノはほとんど肌を露出させないが、身体が動いたとき、ほんの一瞬、襦袢の下の素肌が見えたときのエロティシズムがミニスカートからのびる太股よりも劣っているとはいえない。

そもそも、エロティシズムについて、相対的な比較など可能だろうか。

しかし、ミニスカートにせよ、長いカクテルドレスにせよ、あるいはキモノにせよ、それによってもたらされるエロティシズムについて、日常のなかであからさまに語ることははばかられる。ミニスカートの女性に「エロい脚だね」と感想を述べれば、良くて冗談と受け止められ、悪くすると（いや、悪くしなくても）セクハラである。キモノだって「素敵なお召し物で」と褒めることはあっても、「エロティックですね」とはいえない。性的な魅力について語ることは禁じられているし、そのタブーを犯すことは（たとえ当人は褒めているつもりであっても）、相手の気分と名誉を損なう行為だと考えられている。「粋《いき》ですね」は微妙なところ――だから九鬼周造は『「いき」の構造』を書いたのか。

そういえば、以前、コピーライター／プロデューサーで無印良品のコンセプトをつくったひとりでもある小池一子にインタビューしたとき、「セクシーだというのは、最高の褒め言葉です」と教えられた。しかしそれは、「セクシー」ということばが、タブーの侵犯ギリギリの概念であり、一種のきわどさを持ち、また因習から自由であるようなイメージを持っているからだろう。バタイユは、「エロティシズムは外部のなにかしらであり続ける」という。生きているのはわたしたちであり、性行為の主体はわたしたちであり、それによって新たな生をもたらすにもかかわらず（もっとも、わたしには子供がいないのだけれども）、エロティシズムは外部にある。じぶんのものでありながら外部にある。

また、バタイユは次のようにも述べる。

まず第一に注意すべきなのは、エロティシズムは動物の性活動とは異なるということです。といいますのは、人間の性活動は禁止によって制限されていて、エロティシズムの領域は禁止への侵犯の領域になっているからです。エロティシズムの欲望は、禁止に打ち勝つ欲望にほかなりません。エロティシズムの欲望は、ゆえに、人間が人間自身に対立する

ことを前提にしているのです。（436頁）

バタイユはマルキ・ド・サドなどの文学作品にあらわれた倒錯的性について研究した。なぜならそれが禁止への侵犯の最たるものだからである。性活動そのものが語ることを禁じられているのに、ましてや倒錯なんて。そのなかでも極めつけがサドによって描かれた、いわゆるSM——いうまでもなく、その語源はサドとマゾッホだ——である。

エロティシズムは「なぜそれを禁じるのか」と、「禁じるがゆえに（そして侵犯するがゆえに）存在する」との矛盾に本質がある。禁じられているからこそエロティックなのである。ミニスカートから伸びる脚に視線を向ける男たちはミニスカートと脚の間にエロティシズムを見出そうとするが、ミニスカートを着ている女性のほうは男たちの欲望を跳ね返しているという構図とも似ている。身体は「見られる」ものから「見せる」ものになった瞬間、エロティシズムを失ってしまう。

まず生があって、そののちに死がある。わたしたちはふだん、何となくそう思って生活している。誕生が始まりで、死が終わり。

だが、ほんとうにそうだろうか。

宮崎学（「突破者」ではなく、写真家のほうの）は、無人カメラによって野生動物をはじめ自然を撮影する。その宮崎の仕事に、死をめぐる一連の作品がある。森の中にシカの死体を置いておくと、さまざまな生物がやってくる。最初はクマやイノシシなど大型の哺乳類がシカの身体を食べる。ついで野ネズミなど小型の哺乳類。リスのような、肉食とは縁がなさそうな動物も、死体の脂肪をくわえていく。小鳥たちは、巣の材料にするのだろう、動物の毛をくわえて飛んでいく。

やってくるのは動物だけではない。昆虫類も集まってくる。スズメバチなど肉食性の昆虫も来る。多いのはハエだ。ハエは死体に卵を産みつけ、幼虫、つまりウジが死体を食べる。その幼虫を食べにクマがやってくる。

食べられたシカの身体は、咀嚼され、酵素や消化器内の微生物によって分子単位にまで分解され、身体に取り込まれていく。シカの身体がクマやイノシシや野ネズミやリスの身体になっていくのだ。

食べ残された部分は腐敗していく。腐敗とは微生物による分解である。最後には土に帰る。骨だって、カルシウムを必要とする小動物たちに齧られ、身体に取り込まれていく。

生物は死んで、残った身体は他の生物によって分解され、取り込まれていく。いいかえれば、生物は他の生物の死体を分解して取り込むことによって生きている。わたしたちが食べているのは、それが肉であろうと野菜であろうと、かつて生物であったものがほとんどだ。つまり、生じるためには、あらかじめ死がなければならない。死がなければ生はない。生があって死がある、というのは誤解で、死があって生がある。「実存は本質に先立つ」とサルトルはいったが、死は生に先立つ。生と死は輪のようにつながっている。こう考えていくと、死体を他の生物に食べさせない、つまり生につながらない火葬という風習は不自然なものだと感じる。むしろ鳥葬や風葬のほうが自然であり、地中の小動物や微生物に分解させる土葬もまた生につながる。浄土真宗の僧侶だった祖父は、晩年、「死んだら川に捨ててくれ」とよくいっていたが、それは生と死の循環を考えてのことだったのだろうか。

バタイユはつぎのように述べる。

死は原則として、誕生が目的になっている働き〔生殖〕と正反対の事態だ。しかしこの対立は解消しうる。

ある者の死は別の者の誕生を予告し、その条件になっている。この意味で、死と誕生とには関連がある。生はいつも、生の解体がもたらす産物なのだ。生はまず死に依存している。というのも、死が生のために場所を残すからである。次に生は死のあとの腐敗に依存している。というのも腐敗は、新たな存在が絶えずこの世に生まれてくるのに必要な養分を循環させるからだ。（87頁）

バタイユがいっていることは、宮崎学が自然観察から得た思いと同じだ。生は生の解体がもたらす産物であり、生は死に依存している。

わたしたちは誰（何）かが死ななければ生きていけない。「命を大切にしよう」というけれども、生きていくためには誰（何）かが死ななければならない。わたしたちはしばしば、農産物や海産物を「めぐみ」としてとらえるけれども、より正確にいうなら死としての農産物や海産物、植物や魚介類の死体が生物であるわたしたちにとってめぐみなのだ。

「だがそうはいっても生はやはり死の否定である」とバタイユはいう。そして腐敗について述べる。死への恐怖は、腐敗の過程——崩れて形を失っていく外観と、その過程で発散される匂い——と結びついている。

「生き残った者たちは、腐敗によってかきたてられた不安のなかに、死者が彼らに抱く激しい恨みと憎悪の表現を、漠然とではあるが感じとる」（88頁）

孤独死が社会問題になったのはいつごろからだろう。ひとり暮らしの社会的に孤立した人が、誰にも看取られることなく息絶え、しばらく時間が経過してから発見される。孤独死が嫌われるのは、誰にも看取られないという哀れさよりも、多くの場合は腐敗したり白骨化したりして発見されるからではないだろうか。

以前も述べたように、わたしの理想の死に方は、孤独死の果てに腐乱死体となって発見されることである。風葬や水葬、土葬が事実上禁じられているのだから、生につながる死としてはこれしかない。腐敗は微生物による分解である。腐ることを忌避する必要はない。死体は腐るだけでなく、ウジがたかり、強烈な臭いを発散し、液状化した組織が流れ出る。

腐敗しない死体、ミイラへの信仰は、腐敗への恐怖と表裏一体なのかもしれない。古代エジプトの王族も、近世日本の即身仏も、根にあるのは腐敗への恐怖ではないか。

「腐敗は、私たちが生まれでて、ついには帰ってゆくこの世界の縮図なのであった」とバタイユはいう。

イザナギが黄泉の国からイザナミを連れ帰ろうとして失敗するのは、禁じられていたにもかかわらず彼女を見てしまったからだ。死んでしまったイザナミの身体は腐敗し、ウジがたかっていた。イザナギはその恐怖と嫌悪に打ち勝つことができなかった。毒蛇に嚙まれて死んだ妻、エウリュディケを冥界から連れ戻すことができなかったのは、オルフェウスが途中で振り返ったからだ。腐敗した身体は見てはならないものなのである。だが死体は腐る。

うごめき、悪臭を発し、生温かく、醜悪な外観で、生が発酵している、腐敗のさなかのあれらの物質。卵、微生物、虫がひしめいているあれらの物質こそ、私たちが吐き気、胸のむかつき、嫌悪と名づけている決定的な反応の根源にあるものなのだ。死は、私という存在、さらに長く存在することを期待している存在、言い換えれば今存在していることよりももっと長く生きることを期待する点に意味がある存在（あたかも私の存在の本質が、今の私という現存ではなく、私が期待している未来、今の私ではない未来であるかのように）の全体に将来重くのしかかることになる無化であるのだが、しかしまたそのことを超えて、私が生の腐敗へ帰ることをも告知している。それだから私は、吐き気の勝利を前もって私のなかで祝う事態として、あのどんどん広がる腐敗を予感することができる——その期待のなかで生きることができるのである。（90頁）

わたしたちは死体を怖がる。それが息をしているときは怖くなかったのに、死んだとたんに怖くなる。冷静に考えると奇妙なことだ。少なくとも、死体がわたしたちになにか悪さをすることはありえない。ゾンビが襲ってくるのは映画のなかだけのこと。いまのところ、生き返った死体は、イエス・キリストを除いてひとりもいない。死者は永遠に危害を与えない。現実的可能性を考えるなら、生きた人間のほうがはるかに危険性が高い。生きた人間は暴力をふるうかもしれないし、嘘をついてわたしたちを騙すかもしれない。世の中の不幸の大半は生きた人間によってもたらされる。死より生のほうがよほど恐ろしいではないか。意地悪な死体も、暴力的な死体もない。死体はおとなしい。それにもかかわらず、わたしたちは生きた人間よりも死体を恐ろしいと感じる。

「生き残っている私たちにとって、やがて訪れるこの死体の腐敗は脅威なのだ」「この物体は無より劣っている。無より悪い」とバタイユはいう。

さらにバタイユは次のようにもいう。

死体に対して抱く恐怖感は、私たちが人間の下腹部の排泄物に対して抱く感情に近い。この関連は意義深い。というのも私たちはまた、私たちが〝猥褻な〟と形容する性の快楽の諸様相に対しても似たような恐怖感を抱くからだ。性器の管は排泄物を出している。私たちはこの管を《恥部》と形容し、また肛門と関連づけている。聖アウグスティヌスは、これらの器官と生殖機能との猥褻さについて苦しげに強調している。「私たちは糞と尿のあいだで生まれるのだ」というのだ。（92頁）

糞便とは食べ物が姿を変えたものである。他者の生を食物として摂取し、微生物などの手も借りながら分子レベルにまで分解してじぶんの身体やそれを動かすエネルギーに変えた残滓が糞便である。そこには使い終えたじぶん自身の身体組織も含まれるが、それをもとをたどれば他者の生からできている。糞便は生であり死である。

糞便を排泄する器官が、新たな生の根源である性器と隣り合わせにあるのは不思議なことだ。そういえば子供のころ、性と誕生のメカニズムを知ったとき、「よりにもよって、こんなところになくてもいいじゃないか」と思ったものだ。だが、もし生殖器が身体の別のところ——たとえば脇の下や臍、膝小僧の裏側などにあったら、エロティシズムはまったく別のものになっただろう。なんというか、昆虫の交尾のような味気なさというか。どんな高貴な人であろうと、どんな美男美女であろうと、排泄はするのであり、排泄器と生殖器はとなりあわせにある。その残酷さというか身も蓋もない感じが、エロティシズムを駆動させる。

「人間は、労働することによって、そして自分が死に向かっていることを理解することによって、さらには恥じらいのない性活動から羞恥心のともなった性活動――エロティシズムはこれから生まれた――へ移ってゆくことによって、根本的な動物性から抜け出たのだった」とバタイユは書いている。(49頁)

排泄するところを他人に見られるのは恥ずかしいという感情はどこから生まれたのだろう。誰もがしていることなのに、なぜ恥ずかしいと感じるのか、考えてみるとよくわからない。男子トイレでは小便器が並んでいる。性器そのものは見えないにしても、排泄する姿は見える。ときには並んで排泄しながら会話することさえある。新幹線のトイレは男子小便器だけ特別な作りになっていて、ドアに鍵がかからないかわりに、排泄している人の頭が後ろから見えるようになっている。女性トイレで同様のことはないから、「男性は尿を排泄しているところを見られても恥ずかしくない」という社会的合意があるのだろう。

もっとも、江戸時代のなかごろまで、京都の女は外で立ち小便したという。「京の女の立ち小便」という言葉もある。排泄に関しての羞恥心とエロティシズムは、時代と社会によって変化する。それでも生と死、性と排泄が、磁石の両極のように関連していることに変わりはない。

おわりに　まだ考えなければいけない

ここまで四苦八苦のうちの四つの苦、「生・老・病・死」について、逆の順番で考えてみた。プラトンやキケローからレヴィナスやボーヴォワールまで、さまざまな哲学者のことばを手がかりにした。あれこれ考えてきたのだが、じゅうぶんではない。まだまだ考えたいことがたくさんある。けっこう時間をかけて考えたはずなのに、生老病死がわかったという気分からはほど遠い。あいかわらず生老病死は思いのままにならないもので、苦しみや不安はなくならない。「いつ死んでもいい」とうそぶきつつ、ちょっと腹を下しただけでも気分が落ち込む。老いはしょうがないと思いながら、それと同時に、「認知症になるのはいやだ」と思っているじぶんがいる。

いや、真剣な話、いまいちばん怖いのはじぶんが認知症になってしまうことだ。ガンよりもいやだ。ほかの病気よりもいやだ。だが、そんなふうに考えてしまうこと自体が現在ただいま認知症である人に失礼というか悪いことだと自覚してもいる。それでもやっぱり認知症にはなりたくない。認知症になるのは怖い。冷静に考えれば、何割かの確率でわたしは認知症になるだろう。確実に避ける方法はない。もしあるとしたら、認知症になる前に死ぬことだけだ。認知症になったらどうするか。「いっそ死んでしまいたい」とも思うけれども、しかしそれはいま認知症である人の存在を否定することでもあり、よくないことだとも思う。ならば認知症であるじぶんを受け容れるしかない……のか？　認知症であるじぶんを受け容れるとはどういうことなのか。それはガンであるじぶんを受け容れること、老いているじぶんを受け容れることとどう違うのか。スーザン・ソンタグやシモーヌ・ド・ボーヴォワールのことばを、もういちど読み返したい。

宗教の役割は死を納得することではないか。そんなことを、浄土真宗本願寺派の僧侶と話したことがある。人は必ず死ぬ。たいていの人は病気になるし、必ず老いる。そんなことはわかりきっているのに、じぶんの死については納得できない。納得できないので苦しい。その苦しさから逃れるすべを教えてくれるのが宗教ではないか。宗教による救済とは、そういうことではないのか。死だけでなく、生老病死、愛別離苦・怨憎会苦・求不得苦・五陰盛苦。どうにもならないことについて、どうにもならないのだと納得する。納得することと諦念＝あきらめと、どう違うのか。認知症であるじぶんを受け容れること、認知症が進行していくことにじっと耐えること。認知症になるかもしれないじぶんを受け容れること。認知症になるじぶんを受け容れること。認知症からの回復をあきらめること。じぶんをあきらめること。じぶんを捨てること。では、認知症にならないように食事をはじめ日常生活のさまざまなことに気をつけるのはどういうことか。病気にならないように気をつけることと、病いを受け容れることとは、どのように違うのか。

ときどき自宅近所のペットショップにうさぎを見にいく。小さなネザーランド・ドワーフがケージの中にいる。ときどき耳の垂れたホーランド・ロップがいることもある。どちらも愛玩用に開発された品種らしい。いつ覗いてもうさぎは眠っているか目を開けていてもぼんやりしている。丸くなったまま眠っていることもあれば、手足を伸ばして寝そべっていることもある。それ以外のときは餌を食べているか、身づくろいをしているか。うさぎは数日から数週間で売れてゆき、その都度、次のうさぎがやってくる。

わたしは彼らを「うさぎ先生」と呼んでいる。うさぎがわたしの人生のお手本だ。なにも考えず日がな一日ぼんやりしていたい。たまに起きて顔を洗い、飯を食い、あとはひたすらぼんやりしていたい。うさぎ先生は死を恐れないだろう。認知症になるかもしれないと心配することもないだろう。そもそも、うさぎに認知症はあるのか。もちろんわたしは、うさぎ先生に寒山拾得のような幻想を抱いているのである。「考えたい」といいながら、考えないことに憬れる。わたしにとってマインドフルネスはうさぎ先生に一歩でも近づくことだ。

さきほど、まだまだ考えたいことがたくさんある、と書いた。認知症になりたくないということ以外についても、いろいろ考えたい課題がある。たとえば「殺す」ということについて。

この本の仕上げ作業をしているとき、オウム真理教の教団幹部に死刑が執行された。死刑とは何なのか。死刑とは国家による殺人である。現代の日本では、裁判で死刑になるような罪といえば殺人だ。現代の日本ではと断ったのは、殺人を犯していなくても死刑になる時代もあったし、現代でも思想的な理由などで死刑になる国があるからだ。しかし、「国家の転覆を準備したから死刑にする」などということは、現代の日本では受け容れられないだろう。

「人を殺したから死刑」というのはなんとなくわかりやすい。「目には目を、歯には歯を」のハンムラビ法典のようにシンプルだ。やられたらやりかえせ、である。だが、わかりやすいのは「なんとなく」であって、ちょっと考えるとわからなくなる。現実はシンプルではない。現代の日本では、人をひとり殺しても、たいてい死刑にはならない。「たくさん（複数）殺した」「殺しかたが残虐だった」「周到に準備・計画していた」など、さまざまなことが勘案されて量刑が決まる。同じ殺人であっても、金銭目的で誘拐して殺すのと、無理心中しようとして相手が死んでじぶんだけ生き残った場合とでは違う。「人を殺したから死刑」ではないのだ。

しかし、被害者の家族は納得できないだろう。「殺されたのがふたり以上だったら死刑だけど、ひとりだけなので無期懲役なんですよ」と説明されて、わが子を殺された親が「はい、そうですか」と納得するとは思えない。ほかに被害者がいようといまいと、わが子が殺されたことに違いはない。ほかに被害者がいなかったからといって、わが子が生き返るわけでもない。感情としては納得できないけれども、刑罰というものはそういうものだ。刑罰は被害者やその家族のためにあるわけではない。国家が被害者に代わって加害者に復讐するのではなく、国家のルール（＝法律）を破った者を処罰するのが刑罰だ。昔、「死刑を廃止して仇討ちを復活させよ」といった人がいるけれども、冗談としてはともかく、現実には不可能だろう、近代国家を捨てない限り。もっとも、何を罪とするのか、その罪に対する刑罰はどのようにはかるのかは、時代や文化の違いなどさまざまな要素があって、どれが正解とはなかなかいえない。A国では罪になるけれどもB国では合法であることなんてたくさんある。

仇討ちの復活はないとしても、しかし、いくらルールを破ったからといって、生殺与奪の権利を国家に預けてしまっていいのかという疑問はある。国家に国民を殺す権利があるのか。その国に生まれるということは、同時に生殺与奪権まで国家に預けてしまうということを意味するのか。

復讐したいという被害者家族の感情という問題と、社会のルールをどうつくるかという問題と、国家と社会と個人の関係についての問題は、それぞれ別の次元に属する。カントやルソーやロックやヘーゲルや、あるいはソクラテスやプラトン、アリストテレスや、フーコーやドゥルーズやデリダがどう考えてきたのかを参考にして考えることが必要だろう。

まだまだ考えなければいけないことはたくさんある。

ひとつつけ加えると、オウム真理教と教団が起こした事件は、特殊でもなんでもなく、カルト教団による昔からよくある凡庸な事件のひとつにすぎないとわたしは考えている。それを

「闇」だのなんだのと神秘化することは、かえってカルトを実際以上に大きく見せるだけだろう。いつの時代も変な宗教に惹きつけられる人は一定数いる。地下鉄サリン事件を命じたのが麻原彰晃だったのか村井秀夫だったのかも、それほど重要だとは思えない。実行犯たちは殺意をもって計画的に行動したのだから。麻原彰晃を刑死させたことで事件の詳細は永遠の謎となったが、しかし、その謎を解くことにそれほど意味があるとも思えない。大量殺人を直接命じたのか側近が忖度したのかだけの違いでしかないのだから。麻原や教団幹部への死刑執行の是非については、死刑そのものについての一般論としてのみ語られるべきだと思う。そのうえでわたしは、国家に国民の生殺与奪権を預けるべきではないと考える。

　ところで、この本を書こうと思いたったとき、目的がふたつあった。ひとつはひとりで哲学の勉強をすること。もうひとつは生老病死について考えること。以前、哲学者の鷲田清一さんに哲学の個人授業をしていただいた。二か月にいちど会って、事前に決めておいた哲学者のことばについて対話した。それは極上の時間だった。先人が残したことばについて、あれこれ考え、聞き、話すのは楽しい。さらに勉強を続けたいと思ったのだが、忙しい鷲田さんにお願いするのは気が引ける。そこでこんどは自習しようと思った。本書の仮タイトルは『哲学自習帖』だった。

　漠然と哲学の自習といっても、何をどうすればいいのかわからない。何か旅程表のようなものが欲しい。西洋哲学史を古い方から順番にとか、あるいは現代から逆順にということも考えた（そうだ、高校生のときの愛読書はラッセルの『西洋哲学史』だった）。しかし哲学史を順番に（あるいは逆順に）というのはいまひとつひねりがない。それに、たんに哲学史をなぞることが哲学の勉強になるのか。それは哲学史の勉強であって、哲学の勉強ではないのではないか。

哲学の自習ということを考えたとき、もうひとつあったのが東洋哲学、それも仏教についてだった。先にも述べたように、四苦八苦と納得（あるいは諦念）ということについて、ここ数年ずっと気になっていて（義父や両親の死と関係あるのだろうか）、しかしそれを仏教の枠組みのなかで考えるのはいかにもベタで、というか、現代のわたしたちにはマッチしないので、西洋哲学のことばで考えたほうがわかりやすいのではないかと思ったのだった。

だったら、四苦八苦、そのなかでも生老病死について、西洋の哲学者のことばを補助線にして考えるというのはどうだろう。哲学の自習という目的と、生老病死について考えるという目的を、この本を書くことでかなえた。かなえたといっても、これで終わるわけではない。もともと結論が出ることでもない。

哲学は考えるための道具だ。哲学は考えることそれ自体ではないし、哲学は哲学者が独占するものでもない。哲学者が考えることが哲学的だとも限らない。もっとも、それは哲学に限らない。数学も考えるための道具だし、美学も、詩や小説も思考の道具となりうるはずだ。

この本を書きながらつくづく思ったのは漢字というものの功罪だ。たとえば「sein」に「存在」という二字をあてはめることによって失われるものやつけ加えられるものずれてしまうものがたくさんある。だからといって「有」が最適だとも思えないし、「ある」ではいけないのか。「zeit」を「時間」ではなく「とき」としてはどうか。

この本を書いているころ岩波文庫で『浄土三部経』を読んでいた。中村元・早島鏡正・紀野一義による訳註がついた本で、サンスクリット原典からの現代日本語訳と漢訳原文とその書き下し文の三つを対照しながら読めるようにつくられている。漢訳書き下し文では何をいいたいんだかいまひとつピンとこないことも、サンスクリット原典からの現代日本語訳を読めば簡単にわかることがたくさんあるので驚いた。漢訳（というか漢という国が成立するはるか前に訳されたのだからこう呼ぶのは変かもしれない。古代中国語訳とでもいえばいいのか）されたころは翻訳の技術も思想も未発達だったからしょうがないけれども、それを現代までずるずる引きずっていていいのかと疑問に思う。たとえば船山徹の『仏典はどう漢訳されたのか』などを読むと、現代のわれわれが考える翻訳とはかなり違っていて、むしろ超訳に近いと感じる（ちなみに「超訳」はアカデミー出版の登録商標）。

義父の法事で『般若心経』を聞いたり、父母の法事などで『正信偈』を聞いたりするとき（『正信偈』は親鸞が書いたものだけど）、それは意味不明の音の連なりとして耳に入る。「かんじーざいぼーさつ」とか「きみょーむりょーじゅにょらーい」とか。そこに「観自在菩薩」とか「帰命無量寿如来」とか漢文のテキストを見てなんとなく意味を想像する。なんとなく想像するだけで、意味はわからない。『聖書』がカトリックとプロテスタントの共同訳でわかりやすく読みやすい日本語にしようとしてきたのと対照的だ。もちろん仏教各宗派では、それぞれ現代日本語にした経典も出版しているが、それがたとえば葬式で読まれるようなことはない(たぶん)。意味のわからない音としてのお経は呪文のようで、それは宗教の神秘化には役立つかもしれないが、たとえば先にも述べた四苦八苦、とりわけ死を納得するということには役立たない。だからわたしは、親鸞が書いたものでも、『正信偈』を含む『教行信証』よりも、わかりやすいことばで「和讃」群のほうがうんといいと思う(ラップのようだ)。

それと同じく、「sein」を「存在」と訳し、「存在とは何か」などと問いを立てる時点で、もう哲学の本質から外れてしまっているのではないかとも思う。外国語で書かれた文章を翻訳で読むことの限界がある。だからカントもヘーゲルもハイデガーもドイツ語で読むべきで、サルトルやボーヴォワールやフーコーはフランス語で読むべきなのだろうけど、しかしおぼつかない外国語で読むよりも、欠点はあっても翻訳で読むほうがいい、という考え方もある。たとえ「sein」が「存在」と訳されていようと、「格」の見分けすらつかないわたしが原文で読むよりもはるかにましだという考え方は妥当だ。訳文の「存在」を「ある」に脳内変換すればいいのだから。

とはいえ、漢字をひとつもつかわない哲学はできないだろうかとも思う。この本を書いているあいだに還暦をむかえた。両親が死んだ年齢や日本人男性の平均寿命まであと二〇年ほど、平均余命だと二四年ぐらいか。もちろん何度も繰り返すように、それ以前に死んでしまう可能性もあるし、逆に、一〇〇歳まで生きてしまう可能性だって皆無ではない。先のことはわからないけれども、漢字を使わない「ひらがな哲学」を考えることは、老後の楽しみにしよう。

著者について

永江 朗（ながえ・あきら）

1958年北海道生まれ。法政大学文学部哲学科卒業。西武百貨店系洋書店に約7年勤務の後、『宝島』および『別冊宝島』の編集を経て、フリーのライターに。ライフワークは書店のルポルタージュ。著書に『おじさんの哲学』『東大vs京大 入試文芸頂上決戦』（共に原書房）、『51歳からの読書術』（六耀社）、『「本が売れない」というけれど』（ポプラ新書）、『65歳からの京都歩き』（京阪神Lマガジン社）、『ときどき、京都人。』（徳間書店）、『哲学個人授業』（鷲田清一との共著、ちくま文庫）などがある。

四《し》苦《く》八《はっ》苦《く》の哲《てつ》学《がく》 生老病死を考える

2018年9月25日 初版

著者 永江 朗

発行者 株式会社晶文社
東京都千代田区神田神保町1-11 〒101-0051
電話 03-3518-4940（代表）・4942（編集）
URL http://www.shobunsha.co.jp

印刷・製本 中央精版印刷株式会社

©Akira NAGAE 2018 ISBN978-4-7949-7055-8 Printed in Japan